U0539606

生塊叉燒好過生妳

雷若芬　著

謝靜雯　譯

給母親的情書

Emily（知名港籍圖文作家）

每一個女兒跟每一個母親，都有她們專屬的故事，沒有任何一對相同。若說女兒是爸爸前世的情人，我相信女兒更像媽媽前世的冤家，愛恨交織，欲割難捨，一言難盡。所以旦凡真摯傾吐的母女故事，必然精彩。我偏愛以風趣筆觸書寫的母女故事，欣賞作者怎樣舉重若輕，用尖酸刻薄帶出深情，用黑色幽默超渡傷痛，讓人讀著嘴角微笑，內心戚戚。本書就是這樣的故事。

書中的主角雷媽媽，一輩子用各種羞辱的方式「栽培」女兒，卻又同時以氣魄驚人的愛與坦誠，去牢牢包覆保護她。整段親子關係在這恐佈平衡中茁壯成長，最後開出一朵奇花。「溫馨」的是女兒完全得到媽媽真傳，寫這本書也用爆料與打臉的方式去歌頌母愛，多麼可愛又恰當的致敬。

作者這樣形容母親先發制人的人生智慧：「雖然她有些秘密很恐怖，但是她的秘密成為了她的真理，因為她會搶在其他人之前大聲咕咕、公諸於世；她在那些秘密佔有她之前，搶先宣布自己對它們的所有權。她的這種作法教會我：如果妳能把自己最慘的經歷說出口，妳就永遠不會被迫噤聲。」所以女兒也頂天立地的暢談自己從小到大的糗事，包括十六歲時如何被父母在鄰床做愛氣得瘋掉。

她明瞭母親的自私、野蠻、虛榮，也洞悉華人的孝道是個世紀大騙局：「不是一天，也不是一年，而是永永遠遠，孝道是個終身的要求。尊重父母、撫養父母、替父母帶來驕傲與榮耀，是每個孩子應盡的職責。孝道把負擔放在孩子身上，而不是父母身上。……而依照我媽經過客製化的孝道信條，她孩子的幸福只是在確保她自己幸福之後的紅利。」我佩服她清晰尖銳的批判思考，但更佩服她溫柔堅定的愛和善良，能夠排除萬難，消化任何曾經有過的傷害，長出智慧和高度，心甘情願地照顧母親。

原作用英文書寫，想像鬼佬鬼婆讀著應該對華人的風水命相、教養文化嘖嘖稱奇。同樣是經歷香港八〇年代的華人，我讀來卻另有深刻親切的趣味。香港小姐高麗虹、翁美玲演的《射鵰英雄傳》、打麻將的「四人歸西」傳說、不能從街上帶沒人要的雨傘回家……讓我覺得跟作者的童年有許多共鳴。

最能引起共鳴的是，我也有一個犀利強悍的母親，她也會肆意放屁和打嗝、熱愛吹噓炫耀、過份實際且欠缺同理心。我媽也為了替家人治病，熬過「神奇烏龜」湯，那些畫面和氣味我到現在想起仍覺噁心。我也被罵過「生塊叉燒好過生妳」，被媽媽瞪視會魂飛魄散，也曾目睹她得勢不饒人地霸凌弱者，那份震撼與不安至今猶有餘悸。當作者說她「絕望地希望能換個人當我媽」，真想抱抱那個童年的她說：「我懂。我也是。」這就是閱讀私小說的療癒之處，作者狠狠自挖傷疤的同時，也替讀者的舊患放膿排毒。

作者跟媽媽的關係不單只是母女和朋友，在我眼中她們簡直是某種情人。當作者說她不打算生育，彷似在宣告這段關係只有我倆，保證不會有第三者。她樂於當母親唯一的朋友，用一輩子的忠誠和專一，回報這個她在世上最心疼的女人。這多麼像愛情，卻似乎比愛情更堅固。女兒把母親的人生用文字重新經歷一遍，處處也是愛惜體諒。笑稱媽媽是「尖叫雞」（squawking chicken），卻又敬愛她如鳳凰，自嘲被母親「風水勒索」卻又甘之如飴，豈不像打情罵俏。媽媽傳授的迷信，像一條隱形的臍帶，成為女兒在大世界裡闖蕩、人生險途上永遠的平安小錦囊。

女兒事業有成、給她錢、請她坐遊輪，按照她的吩咐用厚厚一疊二十元美金紙鈔在眾親友面前表演結帳，固然讓雷媽媽很有面子。可是女兒用洋洋灑灑十萬字為她寫下這本情書，現在更翻譯回中文，這份無價的心意，應該遠比任何禮物更加珍貴和威風。關於母愛，女兒說「她父母不曾為她做的，她都為我做到了」，讀完這故事我卻覺得，媽媽沒有達成的人生功課，例如原諒、同理、溫柔和謙厚，這女兒也為她圓滿補足了。

諒解之書

袁瓊瓊（作家、編劇）

雷若芬（Elaine Lui）是加拿大電視台的華裔主持人。走紅是近年的事。網路上可以看到她的影片。從外觀看，她西化得非常徹底。她說話表情靈動，手勢不斷，穿著，打扮，甚至思考模式，都是西方「範兒」。

但是這本《生塊叉燒好過生妳》裡談的卻是她受到的「華人」教育方式。無論她看上去如何西化，骨子裡她遵從一切華人社會的思想觀念，甚至迷信。

這是一本針對西方人的書。她的「選題」充滿異國風情，討論了東方的靈異傳說，風水觀念，以及東西方迴異的親子關係。

雷若芬出生於加拿大。她的父母親是香港人。這本書有自傳成分，但是，與其說她在寫自己，不如說她在寫的是：她是如何變成了這樣的一個自己。

書中佔絕大篇幅的，是她的母親。雷若芬在書中給母親取了「咕咕雞」的外號，因為她的高八度嗓門，也因為她那種鬥雞似的潑辣性格。

「咕咕雞」家貧，父母打零工為生，偶而為黑道跑腿。兩個人好賭又好色。男的拈花惹草，女的招蜂引蝶。這對夫妻生了六個孩子。咕咕雞是老大，從小就得照顧下頭的弟妹，小學畢業後開始工作，賺錢養家之外還要操持家務，並且替父母親收拾爛攤子。十五歲那年，咕咕雞被強暴，父母親不但不關心不同情，在咕咕雞服毒自殺的時候，一來為了省錢，二來為了女兒知道太多家裡的醜事，這兩人決定不送醫院，讓她自生自滅。

女孩聽到了父母親的決定。她逼迫自己嘔吐，救回了自己，就此成為了不依靠任何人的「咕咕雞」。

這個來自窮鄉僻壤的女孩，一無所有，因為沒有可以失去的，也一無所懼。她靠著走私舶來品，給自己闖出了一片天，嫁了個好人家。之後跟隨丈夫移民到加拿大，生下了雷若芬。

雷若芬的童年，相比咕咕雞，可以說是幸福美滿。因為是第一代移民，父母親忙於生計，但是身為獨生女，她擁有父母親全部的關愛。另外，比之華人社會，北美地區較為關注兒童教育。她的人生，可以說一開始就打下了良好的基礎。雖然六歲時父母離異，但是她有個負責任的父親。雷若芬一路接受高等教育，大學畢業後創建了八卦網站「Lainey Gossip」，並且在二〇〇六年進入電視圈，成為知名的電視主持人。

以世俗眼光來看，雷若芬是一個成功者。而她將自己的成就歸之於母親。她在書裡說：「咕咕雞精心策劃了我的一生，而且完全是刻意的。她一直知道我應該成為什麼樣的人，而我現在就是她希望我成為的樣子。」

這本書裡有大部分談及「咕咕雞」對於雷若芬的「養成」方式。若作為教養書來看，很難讓人不去聯想同樣由華人所撰，二〇一一年的《虎媽的戰歌》（Battle Hymn of the Tiger Mother）。本書和《虎媽的戰歌》一樣，用實例（雷若芬的成就，和虎媽蔡美兒自身與子女的傑出）證明，華人父母「嚴格管教」的方式，其實比西方流行的教育方式要優越許多。

但是，我必須說，《生塊叉燒好過生妳》絕對不是一本教養書。如果讀者誤以為用咕咕雞的方式可以把子女複製成另一個雷若芬，可能大錯特錯。

「咕咕雞」十五歲時遭到親生父母背棄，讓她產生一種信念：「除了自己，誰也不可靠。」她之後的人生，多少都是靠著這股彪悍之氣闖蕩出來的。無論感情或事業，她只要稍微想依靠他人，下場多半是遭受背叛。這些經歷造成她堅硬的性格。「只能靠自己」，不但成為她的人生信念，也成為她教育孩子的準則。

她的教養方式，非僅與西方觀念背道而馳，事實上，我也很難想像華人父母能夠真的使用這種方式讓孩子成材。她以羞辱和打擊為手段，目的是要孩子先體認世界的殘酷，以學習堅強。咕咕雞重複又重複地對雷若芬說：「我批評妳，永遠出自於愛，可是，隨著妳逐漸長大，批評妳的人並不會愛妳。他們會為了傷害妳而批評妳。我是在為妳暖身，準備面對以後來自敵人的批評。」

她管教女兒異常嚴厲，定了規矩便毫無轉圜餘地。她還干涉女兒的感情和友情，女兒不聽話的時候，甚至以自殺要脅。以一個旁觀者來看這樣的一個母親，實在不能相信身為女兒，在這樣近乎強權的控制下，成長過程能夠毫無陰影。

我在網路上看到雷若芬為了打書上的訪談節目。她提及「咕咕雞」的教育方式時，身旁的主持人，當然，是西方人，露出奇異的無法置信的神情。

寫這本書的時候，雷若芬已經四十歲。母親重病，那個強悍的、不饒人的咕咕雞，氣焰已經收斂許多。或許因為這種此強彼弱的態勢，也或許因為雷若芬真正成熟了，她選擇用另一個不同的角度來解說她和母親的關係。

她這種態度，使得《生塊叉燒好過生妳》成為一本完全不同的書。透過寫這本書，她開始理解母親的人生，理解是哪些際遇使她成為了難纏的「咕咕雞」。或許，在雷若芬的成長期間，她曾經受到傷害，但是，選擇了用愛的角度來看這一切，那些傷害忽然不是傷害了，相反的，母親的堅硬，母親的無情和不溫暖，底下全是聲聲呼喚：「我不要我的女兒一生和我一樣苦。」

雷若芬在書中，把母親的每一件作為都給了完美的、善意的解釋，這或許不是矯飾，而是，那些行為的本意就是如此，只是她現在終於明白。她從母親的強蠻裡看到脆弱，從母親的無情中看到不放心和愛，從母親的控制裡看到依賴。

這是書裡頭沒有寫出的故事。在明白之後，女兒用這本書和母親和解。

這是本諒解之書。

獻給爸跟亞賽克
他們也是被咕咕叫的對象

目錄

自序　妳看起來像猴肉乾　18
學大象走路，學雞咕咕叫　22
絕對別從街上帶傘回家　36
要給我的錢呢？　65
妳這輩子都會感謝我　87
生塊叉燒好過生妳　104
香港小姐是妓女　131
過了三十歲別剪瀏海　152
妳為什麼跟三角頭約會？　192
好低級　222

妳只需要一個真正的朋友 252
跋 286
謝詞 292

生塊叉燒好過生妳

妳看起來像猴肉乾

當我媽（咕咕雞）認為我在電視上看起來糟透了的時候，她就跟我說，妳看起來像猴肉乾❶。猴子瘦巴巴的，而皮膚缺水的猴子不只瘦巴巴，還乾燥易碎。沒人希望自己看起來像猴肉乾。我談到咕咕雞的時候，大部分人起初都以為我太過誇大。可是一旦跟她相處過一陣子之後，他們就會明白、馬上就懂了。她是個華人，跟雞一樣愛咕咕叫，瘋狂程度百分百，而我全心全意仰賴著她。即使其他人都認為我可以上鏡頭了，如果她說我看起來像猴肉乾，我就相信自己看起來像猴肉乾。

我這輩子向來都是如此：我的每份思緒都是由咕咕雞形塑而成，我的每種意見都受到了咕咕雞的薰陶，我的一切行動都是跟咕咕雞商量過的。我以她刻意在我腦袋裡輸入的潛意識地圖為依據，在自己的人生中周遊闖蕩，直到我再也分不出，我做出的選擇，是按照我自己的本意，還是她的意思。也許那正是她長期以來所努力的目標。

咕咕雞精心策劃了我的一生，而且完全是刻意的。她一直知道我應該成為什麼樣的人，而我現在就是她希望我成為的樣子。我這一生以來，她一直把我推往那個方向，並且一路上不忘替自己邀功。如果我快樂又成功，那是因為有她帶領著我；如果我不快樂又無法克服挑戰，那是因為我沒聽她的話。「聽」在中文的意思是「傾聽」或「聽見」，而「順從」這個用語，在中文裡結合了「聽」跟「話」（就是「說」）。「聽話」字面上的意思就是「聽我說的話」。而咕咕雞的話，我前後已經聽了四十年。

❶猴肉乾，在廣東話中俗稱為馬騮乾。

有時候我不理她的指示，結果真的失敗了（有時還一敗塗地），這算是一種自我應驗的預言嗎？大學時期某個晚上，我剛考完所有的科目，從學校回到家。她說我太累了，不要出門找朋友比較好，等我好好睡過一夜的覺之後，朋友明天還是會在；最讓人不安的就是，她還說，我會後悔自己沒乖乖待在家裡。半小時之後，我從車庫倒車出去，等我意識到自己忘了關上後門的當下，已經慢了一步。我在倒車的時候，門卡到牆壁。當我踩下油門的那瞬間，整個車門掉了下來。我沒聽咕咕雞的話，結果證明咕咕雞說得沒錯。

「妳被妳媽控制了。」近來有個同事這麼跟我說。她說話的時候流露了著迷跟同情，但同情佔了大部分。沒錯，觀察過我們母女互動的人確實會頻頻搖頭，為了我情緒跟心理上遭到挾持而替我難過，而挾持者是個透過女兒間接體驗人生的母親。關於「控制」，他們說的沒錯，但是提到「間接體驗人生」，他們絕對是誤會了。咕咕雞有屬於自己的故事，而我只是那個故事的一部分。

媽患了可能致命的慢性疾病。在她養病期間，我決定動筆寫這本書。起初，我想給她一個可供期待、讓她身體好轉起來的目標。可是，在敘述她的人生時，我才意識到我其實是為自己而寫的——每當我以為自己在替她做些什麼的時候，總是會發生這種狀況，從中受益的總是我自己。這次，我是為了說服自己，即使咕咕雞哪天不再啼鳴，我也永遠都能聽到她的聲音。

學大象走路，學雞咕咕叫

如果世界是以靜音模式來運作，你會覺得我媽看起來跟任何華人女性沒有兩樣——比平均身高矮了點、骨架細小，但穿著品味相當可怕。想像一下全身上下佈滿假鑽的模樣，如果不是假鑽就是亮片，要是沒有亮片就有羽毛，有時三種還會同時出現。她最愛的裝扮就是牛仔褲套裝，背部跟整條褲腿都綴了鑲有假鑽的布片。她會刻意將衣領翻高，最後再用一雙金銀混色的ＣＯＡＣＨ運動鞋，來替這套華人婦女版的貓王打扮做個收尾，這就像糟糕透頂的歌曲裡，會有那種讓你無法抗拒、一聽就琅琅上口的魔音段落。

我們結伴出門吃港式飲茶時，要是我福星高照，當天外頭一片豔陽天，她會戴著墨鏡走進餐廳，整顆腦袋藏在亞洲人常戴的巨型遮陽帽底下。大家不禁納悶，她是電影明星嗎？還是在賭城搜刮了捐獻箱的遊民？等她終於摘下墨鏡跟帽子，就會露出那張漂亮到近似裝飾品的臉蛋。總之，單從外表看來，我媽看起來人畜無害。

但只消把音量轉大，天地就為之變色。只要一聽她講話，你就永遠忘不了她。重點在於她的嗓門。她在香港的成長期間，那副嗓門替她掙得了「俵雞」❷，也就是咕咕雞的綽號。沒錯，她的音量刺耳至極。你無法想像那麼響亮的聲音會這麼毫不費力又毫無預警地冒出來。咕咕雞不會給你時間好好適應她的高分貝，她的音量只有一個等級，而且是全面進擊。此外，還有語氣的問題——銳利、尖刻又急促，不是那種降落之後會留下一片靜寂的轟隆呼嘯，而是會侵襲心靈的哀鳴警報，有點像是灌注大腦、造成永久傷疤的酸劑。

媽大多用廣東話（香港主要講這種漢語方言）跟我交談，偶爾為了誇大效果，而

❷俵雞，或稱俵雞婆，都是廣東話用來形容女子潑辣蠻橫。

摻入一點殘缺的英語字彙。

這裡有個例子。下面的句子除了一個例外，用的全是廣東話。看看你能不能聽懂她的意思：「我不喜歡這件毛衣。括里❸好差。」什麼是「括里」？提示：「括里」不是「衣領」（collar），「括里」指的是「品質」（quality）。

媽不只會用「括里」形容無生物跟服飾，也會拿來形容人。有一回我們去買吸塵器，銷售員對她很不客氣。「他有什麼『括里』啊？竟然用那種態度跟我講話！」翻譯為：「這男人沒資格那樣對我說話。」

她不得不說英文的時候，動詞時態就會出紕漏。我刻意忽略這個問題，不主動去糾正她，讓媽到處去跟人說：「我好刺激（exciting）唷。」

她真正的意思是她好興奮（excited）。從她嘴裡跑出來的句子，娛樂效果高多了，尤其想想她嗓門有多大。

媽不知道要怎麼低調講一通電話，更不曉得電影開演之前該怎樣在影廳裡悄聲對話。她不只在生理上缺乏輕聲細語的能力，也從來不想要輕聲細語。媽的理念是高聲說話、大聲走路。拳王穆罕默德．阿里像蝴蝶一樣飄飛、如蜜蜂一般刺擊；但媽走起路來像大象，跟雞一樣咕咕叫，而且她向來教我有樣學樣。看到有人鼓勵女生輕聲走路跟說話，媽就覺得心煩。

某次在我姑姑家的家庭聚會上，媽就把這點攤開來講。當時是晚餐時間，我們都被招呼到餐桌那裡。我表妹麗茲在樓上，我們聽到她腳步很重地下樓，砰砰砰一路走到廚房。她爸大喊：「麗茲，走路別那麼大聲！走路要淑女一點！」

媽對這個姑丈本來就沒什麼好感，於是淘氣地轉向我說：「我阿爺從前都交代我，走路要跟大象一樣，才能把鬼嚇走。阿女❹啊！妳走路永遠都要像大象喔，真正的女人才不會躡手躡腳進房間呢！」

❸Colley，港式英文，原為 quali，發不出細緻的“qua”音者，多以“co”音替代，是作者母親自創的英文，從英文 quality 演變而來。泛指「資格」、「品質」、「實力」。常見用法：「騷 quali」意指「展現實力」，「你咩 quali 呀？」意指「你憑什麼」。

❹阿女為廣東話，表示我的女兒。

華人傳統意在培養可愛又高雅的女生。笑容要拘謹，要是笑出聲的時候要記得遮嘴，彷彿大笑表示妳太愛社交，不僅有失優雅，對女性來說也不體面。在華人文化裡，女性常被當成幼兒看待，也時有被物化的情形。男人在談正事的時候，會要求女性離開現場，也不會有人想徵求她們的意見；要是她們提出意見，就會害男伴覺得難堪。大家教女生不要表現出粗魯的樣子，教她們舉手投足要秀氣、性情要溫柔；並且永遠不該語出冒犯，華人「好」女生永遠不會出口成髒。在西方社會，聽到有人亂飆髒話會挑起強烈反應，但在華人文化裡會惹出更大的爭端。在那個文化裡，髒話用得很節制，而且使用者通常僅限於男人，以及咕咕雞。媽從來不遵守「僅限男生」能罵髒話的性別限制，她想罵就罵，隨口都能拋出F開頭或C開頭❺的髒字，尤其是在跟人吵架。對媽來說，沒有謹言慎行這回事，她的雙腳跟嘴巴永遠也辦不到。

這隻咕咕雞不管到哪裡，從來不曾輕聲走路，也從來就不怕被人聽到。她這個世代的亞洲婦女，很多人都輕聲細語、舉止拘謹，但是我媽不一樣。即使周遭的人都相信女性應該柔和謙遜，她依然總是搶先提出意見、搶先暢所欲言。在她所成長的社會裡，傳統文化鼓勵女性表現得屈從恭順，但我媽從來就不是縮在角落、隱藏想法的那種女性。

多年下來，有些人覺得她的態度、聲音跟儀態惹人生厭，而比較喜歡那種愛組小圈圈、溫順過頭而不會跟男人對嗆的女性。可是，從年少時期在香港跟幫派份子同桌賭博，一直到在多倫多教中年猶太主婦打麻將，媽不管在什麼環境裡，向來都是自信滿滿。無論如何，她的咕咕雞態度始終如一：她相信自己可以融入任何地方。對我來說，她總是掌控全場；不論時空如何，她永遠都會霸佔焦點，她是終極的搶戲高手。

媽成長於香港西邊的城鎮元朗。當時，香港的商業活動大多集中在半島南區的九

❺ Cunt（陰道），罵人時意指賤貨。

龍。那期間，九龍是「市中心」，是個光鮮亮麗的大城；對比之下，元朗是純樸的鄉下，得坐一個多鐘頭的公車跟火車才能抵達九龍。當年的元朗，公寓大樓還在陸續興建中，居民大多住在村落裡樸素的石屋或木屋，距離元朗主要道路步行約十五分鐘，那是一條通往幾家在地酒吧、餐廳跟露天市場的石鋪街道。在那個年代，住九龍的人都把元朗的居民當成鄉巴佬。但是，咕咕雞從來就不覺得自己是鄉下人。雖然她在元朗出生，卻總是端出來自九龍的架子。巧的是，隨著她邁向成人之路，元朗這個區域也漸漸都會化，彷彿是她用念力要它成長茁壯、變得更能跟世界接軌似的，彷彿這樣它才配得上她。

咕咕雞是那種困居小池塘、橫衝直撞的典型大都市女生，而那個小池塘從來就不把女生當一回事。不過，一九六〇跟七〇年代的元朗，在女生中只有她有那種膽量，敢跟男生坐下來玩骨牌❻跟打麻將。她常常把他們打到落花流水，贏得了他們的敬重。她的作風凶猛，有些男人還因為不想跟賭技相當、罵人更兇狠的她有所牽扯，最後竟然還開始躲她。媽所處的社群不鼓勵女性自我肯定，她卻反其道而行；

每當有女性不懂得為自己挺身講話時，媽就替她們咕咕發聲；有個朋友拖繳保護費的時候，自願去找當地「三合會」（華人黑手黨）老大協商的，就是我當時還年輕的媽。

當時有不少人都在家裡經營地下麻將館，而各個麻將館都會繳付月「稅」來換取一點安寧，免得場子的運作受到警方干擾而被迫關門，課稅系統就由幫派負責管理。媽當時將近三十，我六歲，在元朗跟她一起過暑假。經營她最愛的麻將館的那個男人，因為家人生病，遲繳兩個月的保護費，結果受到了要脅。媽一聽說有這種狀況，就斷定自己非到三合會龍頭常去的夜店不可。那天我的情緒毛躁，很難安撫；雖然年紀小，我也知道不管媽要去哪裡，那裡都才是值得留連的地方。我不肯待在麻將館裡等她，於是扯開嗓門抱怨。如果她把我丟下來，就會吵到其他在打麻將的牌友。

❻骨牌，此處應是指牌九，由骰子演變而來。

那天下午潮濕悶熱，是典型的香港夏日。我們沒搭計程車，而是頂著熱氣步行。前往夜店的路上，我開始大發牢騷，我記得媽臭罵我一頓：「妳明明可以跟打麻將的阿姨一起吹電風扇。既然妳自己吵著要跟，我就不用把妳當成小公主一樣呵護。」我們前往夜店途中，她只跟我講了這番話。越過幾個街廓之後，我們往右轉進巷子裡，那裡除了被綠色霓虹招牌蓋住的玻璃門之外，什麼都沒有。

我們走進去時，強勁的冷氣迎面撲來，讓我亢奮不已。裡面好陰暗，放眼望不見任何東西。當我們穿過第二道門、踏進俱樂部的時候，我把媽的手抓得更緊了。她領著我到吧台去，要我在那裡靜靜坐著等她。她替我點了杯底部有水果塊在旋轉的飲料，叫服務生替我多加幾顆櫻桃。我用雞尾酒雨傘戳著杯裡的葡萄跟鳳梨丁，視線從自己坐定的位置，一路越過大廳，看著她在長相嚇人的男人對面坐下。男人穿著無袖汗衫，一腳翹在桌上，而她從皮包裡抽出一根菸。我看到她的紅色修長指甲之間，冒出了火柴的火焰，煙霧緩緩飄出她的嘴，框住了她的臉。接著，她開口了。

在房間對面的我，聽不到她說了些什麼，可是我知道大部分都是她在說話，偶爾暫停，食指輕點香菸的末端，往煙灰缸裡彈了彈。不久，男人點著頭，舉高雙手。接著我們忽地回到了天光之下，我的雙眼重新適應著室外的光亮。回到麻將館後，媽在那裡態度隆重地坐下。「辦好了。咱們來打麻將吧！」

媽很有幫派份子的架勢，不過是光明正大、不藏秘密的那種。雖然她有些秘密很恐怖，但是她的秘密成為了她的真理，因為她會搶在其他人之前大聲咕咕、公諸於世；她在那些秘密佔有她之前，搶先宣布自己對它們的所有權。她的這種作法教會我：如果妳能把自己最慘的經歷說出口，妳就永遠不會被迫噤聲。

咕咕雞在一九五〇年出生，是六個孩子當中的老大。她的雙親沒有穩定的職業，有一搭沒一搭地工作著，在她人生的頭幾年裡，都把她留在老家的村落裡，由祖母帶大。媽的母親在各個餐廳進進出出，負責洗碗或包餃子；她父親則替當地的幫派打點零工，在客戶遲交保護費的時候去討債。他們把賺來的錢都花在麻將桌上，結果大多數時間都陷在欠債的狀態裡，但是偶爾也能夠過得好一點。媽的父母在特別春風得意的那段時間裡，回到村裡的老家吹噓炫耀，並帶走她。她們祖孫倆很親，她把祖母當成「真正的」母親，也就是培養她人格的人，所以她並不想離開祖母身邊。可是，既然父母的手頭現在寬裕起來了，若是繼續住在村裡而不跟父母同住，感覺就是不合體統。

賭博的好手氣從來就不會持續太久，而且家裡總是有新生兒來報到。媽每天放學之後就要照料弟弟妹妹，父母則因為前晚徹夜打麻將還在補眠。可是她很愛上學，即使她父母從來都不支持她唸書，她也記得自己當年是個伶俐又認真的學生。她只有趁家裡的小孩都就寢、父母出門上賭場之後，才有時間唸點書；又因為父母禁止她「浪費」電，所以她得到街燈下面去讀書。（西方的祖父總是喜歡說：「我當年上學一趟，就要跋涉十英里的路程，雪都積到膝蓋這麼高了。」我媽這種狀況，就是那種比喻的華人版本。）

不久，她不得不輟學。她才剛上十年級，父母就注意到她出落得相當標緻，可以開始去當服務生替家裡賺點錢了。於是媽被送到當地一家不大可靠的夜店，平日的來客大多是在地幫派的小嘍囉，他們對她的幽默感、神氣活現、老娘我最大的態度越來越有好感，會用豐厚的小費來對她表示心意，也會在能力所及的範圍之內多多關照她。

差不多在這個時候，她母親跟男人私奔了。媽的父親跑出家門，一連失蹤好幾天，狂喝酒狂打麻將。媽必須仰賴鄰居的幫忙，有時也要靠她的幫派死黨，才有辦法照料五個弟弟妹妹。幾個月之後，她的母親被情人拋棄，懷著孩子回到家裡。媽的父母復合了，要求她替他們保密，而媽也幫忙母親撐過墮胎的休養時期。在我外婆的復原期間，媽一邊照顧弟弟妹妹，一邊扛起家務，還得向那些對她家表示好奇的鄰居跟親戚撒謊編藉口。多虧有長女盡責的付出，我外公外婆才能若無其事地繼續生活。媽很高興自己是父母的好幫手，她毫無怨懟地順從父母的要求，認為經過這番磨難之後，他們會很感激她。

可是，不久之後，一個形單影隻的晚上，媽在下班回家的途中遭人強暴。她的衣服被扯得破爛，嘴巴淤青、手掌割傷。當她踏進家門的時候，父母卻不曾表示同情。既沒有主動說要報警，更沒有幫忙她清理身體。媽感到既羞恥又心灰意冷，於是當晚吞藥自殺。她記得在昏昏沉沉之際，聽到父母在討論要不要幫她一把、要不要帶她就醫。他們最後決定不要，為了省錢也為了保住顏面，因為媽是唯一知道他們所有秘密的人——知道她母親的外遇跟墮胎，知道她父親愛拈花惹草而且還酗酒，知道他倆積欠未還的債務。她要是走了，就不會有人知道這些事。就在當天晚上，我媽咕咕大叫起來。她硬逼自己開始嘔吐，吐完之後，扯開嗓門發出尖銳刺耳的叫聲。

幾年之後，媽帶我回香港，大家老會跟我提起媽開始尖叫的那個夜晚，就像一則傳奇似的，烙印在眾人的記憶裡——她的尖叫聲傳遍了元朗，她使勁又激烈地尖叫著，彷彿像要召喚神祇來審判她的父母，像要指出父母的罪孽。結果他們那晚沒上賭場，而是躲在家裡閃避鄰居，他們知道別人會認定他們有罪。媽放聲尖叫，是為了遺忘自己受到的侵犯；她放聲尖叫，直到父母的背叛在她心中留下的傷口，結了痂、永遠變成她的靈魂；她放聲尖叫，是為了宣布自己的重生。

翌日早晨，她跟父母說生活模式應該要改變了，而也真的改變了。從那天開始，她只要用奇怪的眼神看他們，他們就會趕緊屈服退讓。就是在那個時候，她開始掌控自己的人生。當時她十五歲。

你知道嗎？鳳凰是某種會按照固定循環、成長蛻變的鳥禽。媽就是在成長蛻變，她搖身長成了咕咕雞。

絕對別從街上帶傘回家

咕咕雞從來不唸床邊故事給我聽。多半因為她是移民，所以我不知道《月亮，晚安》❼，到了中學也才第一次讀到蘇斯博士❽的書，而且是為了應付探討兒童文學的課堂作業。可是，媽之所以不唸床邊故事給我聽，問題不在於語言。傳統的華人文化裡，並沒有晚上讀故事給孩子聽的習俗。況且，媽認為鼓勵作夢跟幻想的故事沒那麼有價值，她相信，孩子自己就能夠開開心心地幻想，「說故事時間」反倒應該用來替孩子準備面對未來的人生挑戰。

我以前老是問她：「妳幹嘛都不跟我講點美好的、有趣的事情？」

而她總是回答：「妳為什麼需要為以後的好事做準備？是好事耶！好事又不會害

妳。幸福要過來以前，難道還要先通知妳喔？還是妳寧可預先知道困難時期什麼時候會來？我的任務是要讓妳做好面對困難時期的準備，我的任務是要教妳如何盡可能避開困難時期。」

所以，咕咕雞講的不是童話，而是鬼故事，其中有些還是她的親身體驗。我有不少人生功課都學自媽所講的故事。

絕對別從街上帶傘回家

媽三十歲在香港的時候，有天獨自在家裡睡覺，床鋪竟突然搖晃起來。她起身查

❼《月亮，晚安》（Goodnight Moon），作者為瑪格麗特・懷茲・布朗（Margaret Wise Brown，一九一〇～一九五二），於一九四七年首次出版，是以孩童視角所寫的睡前故事書。

❽蘇斯博士（Dr. Seuss），本名為希奧多・蘇斯・蓋索（Theodor Seuss Geisel，一九〇四～一九九一），美國知名兒童文學作家。

看是不是有地震，但其他東西似乎都毫無動靜，不受任何攪擾。她以為自己可能做了惡夢，於是回頭繼續睡。才剛入睡，床鋪又開始擺盪，來回晃個不停。接著她覺得有東西跳到她身上，而且有幾隻手在她身上摸索，一心想把她推下床，只是放眼望去，不見任何人影。

她嚇得連滾帶爬衝出家門，到她最愛的麻將館，希望打個幾輪麻將可以讓自己鎮定下來。結果毫無效果，她心裡還是七上八下，覺得好像有烏雲罩頂。她會在沒有陰影的時候，頻頻看到陰影。有個牌友問她有什麼心事，媽說了之前在床上發生的事情，一面聽著自己述說被想像的入侵者攻擊的事件，一面覺得自己很蠢。大家幾乎一致認為，她只是壓力過大或是太勞累，鼓勵她繼續打麻將。只有一個最近加入這個麻將團體的女性，持不同看法。她原本坐在另一桌，趁著休息喝茶的時候，走到媽的身邊，私下告訴她，看來她是「撞鬼」了。「撞」是「巧遇」，「鬼」就是鬼魂。在中文裡，「撞鬼」這個用語常用來描述某種行為古怪、出乎尋常，彷彿被鬼附身的人。

聽到這個消息，媽趕緊擱下麻將，跑去見風水師。風水師就像精神導師，精通風水原則。風水就是中國古代對天文學理跟大地能量的研究，目的是為了促進平衡跟增進福祉，身為正牌的風水師對超自然事物也很熟悉。他可以建議你，把桌子擺在房間裡的哪個角落最能帶來好運，以便確保你能獲取最大的成功跟財務收益；當他進入一個空間時，也能偵測來自其他世界的正面與負面勢力。很多風水師會利用自己的天賦，把自己的服務當成生意。對全世界幾個頂尖的風水師來說，這是獲利豐厚的事業。可是，只要有一個正統的風水師，就會有五個慣於詐騙的風水師，就像正派法術跟旁門左道。正牌的風水師會發揮個人力量來幫助別人，而邪惡的風水師會用來謀財獲利。

媽跟風水師說了床上發生的事情——感覺床在震動，後來覺得被隱形的手推推搡搡。風水師問了媽的生辰年月、出生地點，還有確切的出生時間。他細看她的臉孔，把焦點放在她的雙眼上，默不作聲仔細端詳她好幾分鐘。他拿出一些線香，點燃焚燒，研究煙霧形成的圖案。他在自己的捲軸上寫了些筆記，在算盤上來來回回彈撥珠子，有時會放慢速度，寫下跟媽的出生資訊相互呼應的神秘計算。

最後他完成了評估。

「妳的雙眼非常銳利，」他向媽解釋，「可以幫妳看到對妳有利的事情，可是有時候也會看得太多。現在有股混濁籠罩妳的臉，是從妳的眼睛降下來的。妳之前看過某個東西，而那個東西遮蔽了妳的視線。妳必須把遮住妳雙眼的東西挪開，妳一定要把鬼趕走。妳就是看到鬼了，除非它放過妳，否則妳沒辦法再看清楚事情。」

風水師指示媽回家檢查家裡近來有沒有新添什麼東西。有沒有撿了什麼奇怪的東西？有沒有移動過什麼東西？是否在無意間創造了有利於鬼的環境，使得惡靈入侵她的空間？

媽不想單獨回家，於是打電話給她弟弟，要他陪她回家一趟。她把公寓徹底搜查一遍，尋覓線索——看看有什麼東西可能經過重新安置或不小心挪動了。她打電話給清潔婦，問對方上次過來時有沒有動過什麼。沒什麼超乎尋常的事情嘛……最後她終於想起來了。

那個星期前的回家途中，媽在人行道上發現一把雨傘。她想說哪天可能用得上，於是順手把傘帶回家，跟掃帚、清潔用品一起收在工具櫃裡。當下媽要她弟打開櫃門，一邊心驚膽戰地站在他背後。他們看見那把傘就倚在櫃壁上，傘旁有對男女，渾身打著哆嗦，飢腸轆轆的模樣，臉龐灰敗枯槁，貼在臉上的頭髮糾結不清，黑色雙眼裡噙著黑淚，向她伸出腐爛中的雙手，懇求她的幫忙。她弟一把抓起雨傘，用力甩上櫃門。他們衝出房子，一連奔過幾個街廓，跑到當地的垃圾掩埋場，點火把傘燒了。

媽事後馬上回去向風水師報到。當她說起「雨傘」這個詞的時候，他瞪大了雙眼、馬上打斷她的話：「沒人跟妳說過，鬼會躲在雨傘底下嗎？絕對不要撿街上的雨傘回家！想找新家落戶的鬼，就會躲在沒人要的雨傘裡面。」

在那之後，就沒再發生搖床事件。媽再也沒有從街上撿雨傘或其它東西回家。不管是錢、珠寶，**什麼**都不撿回來。

我八歲的某個晚上，媽跟我說了這個故事。那天，我在地鐵的座位縫隙裡發現了很漂亮的手鐲，但她怎樣都不肯讓我留著。我好氣她。她要我把手鐲塞回原本的地方，起初我死都不肯。我還記得她的紅指甲從我手中一把搶走那只紅手鐲，將手鐲擠回坐墊之間。我馬上鬧起脾氣，放聲哭嚎；乘客紛紛走避，遠離我們身邊另覓座位。媽直直瞪著前方，一路都不理睬我。下車後，她握住我的手腕，把我拖上月台。回家的路上，我牢騷不斷，晚餐期間也抱怨連連，到了洗澡的時候還繼續訴苦。我氣呼呼地走進房間、甩上房門，絕望地希望能換個人當我媽。

幾分鐘過後，媽走了進來。她沒把燈打開，而是坐在床尾面對我，點起了一根菸，然後慢條斯理又唱作俱佳地說了那把雨傘的故事。從窗戶流洩進來的光線經過煙霧的篩濾，使得她的腦袋彷彿脫離身體在迷霧裡漂浮，真把我嚇壞了。等她講到風水師的時候，我已經手腳並用爬到她坐的床尾，把自己埋進她的懷抱裡。她只是一面哈著菸，繼續說下去。當她講到櫃門打開，出現兩個小孩的時候，我已經不再介意手鐲的事了。去他的手鐲啦！所有你發現的不屬於你的東西，全都去死吧！我才不要在自己床上被髒兮兮的餓鬼小孩動手動腳。

這就是咕咕雞的教誨，在我成長期間再三叮嚀我的事情：不是妳的，就永遠不會是妳的；拿了不屬於妳的東西，就會有悲慘駭人的後果。

媽不希望我懷著羨慕的心情長大。她不希望我在成長期間，渴求我無法獲得的東西；更重要的是，擅取不是憑藉己力獲得的東西。媽希望我學會的是，人生並不容易，妳想要的東西不會某天憑空出現在人行道上等著被撿起。天底下沒有白吃的午餐，即使一開始似乎免費，最終還是得付出代價。她警告說，運氣好的話，可以寫張支票，一筆勾銷；運氣不佳，那麼，鬼就可能跟著出現，霸佔妳的靈魂。

西風牌的詛咒

我來自麻將高手的家族，外婆在自家公寓裡經營麻將館。我媽還是少女的時候，就已經能夠打贏大她幾輪的麻將老手。我家族裡盛傳一則笑話：我是在麻將桌上出生的——媽開始陣痛，在幾圈麻將之間的空檔把我推擠出來。我才四歲就已經可以正確指認一副麻將裡的每張牌面，而一副麻將總共有一百四十四張牌。

打麻將用的是風：東風、南風、西風跟北風。每一局開場的時候，每位牌友都會分配到一種「風」位。每一局都有四圈，而每種風各輪一圈。麻將裡存在著「風」這種自然元素，使得它具有其他牌賭所沒有的神秘氣息，這是一種由運氣支配的博弈。對華人來說，運氣是一種精神特質，具有個性以及一套專屬的神秘法則。有時候，打麻將就像作法，尤其在你無往不利的時候。有時候不管洗牌洗得多徹底，你都還是會反覆拿到同樣順序的一手牌，彷彿它們緊跟著你似的，彷彿它們跟你相繫相連、告訴你該做什麼決定。如果你好好留意，你就會贏。

有一次，我坐在媽的懷裡看她打麻將。當時她手氣正好，不希望我亂動，免得干擾她的運氣。媽打起麻將來很美。我還小的時候，總是看她打麻將看到入迷。重點就在她的指甲，當她把指甲探向麻將桌並挑起一張牌的時候，真是風情萬種又性感無比。她會把食指跟中指搭在選定的那張牌的頂端，兩枚散放美麗光澤的紅指甲並排，彷彿完美修甲的廣告，也像麻將牌的迷你版本。接著，輕柔地彎起手指，繞過麻將牌，往上一提，拇指順勢滑到麻將牌的下方，拂過刻紋，辨認自己選到了哪張牌。麻將好手不用看牌就知道牌面，單靠拇指指腹拂過的記號就感覺得出來（有些人繼承了母親留下來的食譜，咕咕雞則是把她打麻將的訣竅傳承給我）。

不過，那天媽連摸都不用摸，就知道是哪些牌。每次輪到她以前，她都會跟我預告即會出現的局面。如果她要八筒，八筒就會現身；如果她要六索，六索就會出現在她的手裡。這種情形持續了好幾個小時，一直到我在她的臂彎裡睡著，夢到自己未來在麻將桌上叱吒風雲的稱后情況，夢到自己能夠預測牌面、成為貨真價實的博弈預言家。

麻將籠罩在超自然的氣氛當中，因此有幾項不成文的規定伴隨麻將而來。受人敬重的玩家會遵守麻將的行為準則，尤其要消除別人對自己是否作弊的懷疑。愛作弊的人常會用見不得光的陰險招數來搶佔優勢。在麻將桌上，有人可能會刻意穿有破洞的衣物，然後高明地隱藏起來，就是為了討生性仁慈（但容易上當）主掌賭博的神祇同情，神祇可能會誤以為他們窮哈哈、需要錢。可是在咕咕雞的地盤上，永遠別想耍詐。有一次，媽把一張牌弄掉了，彎腰撿牌的時候，注意到旁邊女人的褲腿上有個看起來很刻意的破口，她馬上用雞毛撢子（華人居家常見用品）把女人趕了出去。隔天，媽挨家挨戶到每家麻將場去，跟每個人說那女人的騙術。那個女人覺得自己受到大家的排擠，於是最後移民到澳洲去了。作弊的人可是會慘遭放逐的啊！

在麻將桌上看書，這種手法儘管很業餘，但也是種作弊技巧。我在大學期間，花了大錢學過教訓。那時我常跟宿舍裡的華人學生徹夜打麻將。有個晚上，我一路遙遙領先，坐在我對面的男生湯米輸掉的，就跟我贏得的一樣多。如果輸最多的人堅持玩下去，習慣上大家就要繼續戰下去。湯米想要繼續打，可是在幾輪之間暫時離開、上樓回他房間去，隨手帶了本雜誌回來。中文裡也用「書」來稱呼「雜誌」，而「書」跟「輸」同音。我們一面打麻將，湯米一面讀他那本「書」。於是，我便開始節節敗退，最後輸到慘兮兮，整個月的租金都敗個精光。

隔天早上我打電話給我媽（我的麻將導師），告訴她我被打得落花流水。在我短暫的麻將生涯裡，直到那個節骨眼為止，我從沒輸過那麼慘。就麻將來說，我還算厲害，可說相當拿手，即使運勢不佳，也都能巧妙控制自己的損失。畢竟，打麻將可是我家族的特異天賦。所以我輸到那麼慘，實在令人抬不起頭。**問題到底出在哪裡？**

媽要我仔細形容我的手氣開始轉變的時刻，她想知道我拿到的牌出現什麼模式，而我又如何詮釋跟玩牌。我忘了提到湯米的「書」，最後她催我再多說點關於把我的錢贏走的那個人。當我終於跟她提到，他一面急起直追、一面在讀雜誌的事，她馬上吸吸牙齒，發出一聲「**哎呀！**」（有點像是「我的老天」），然後跟我說我被擺了一道。要記得，「書」這個字的發音，跟「輸」一模一樣，而「看」（watching）跟「讀」（reading）在中文是同一個字。所以當湯米在看雜誌的時候，也就等於是要「看我輸」的意思，而我真的輸了。這種手法很粗淺，絕對會被咕咕雞抓包，可是卻把我耍得團團轉——但是僅此一次、下不為例！

湯米的詭計是麻將的暗黑法術。麻將的法術就像《星際大戰》裡的原力——法術有光明面，會在值得獲得獎賞的玩家身上流竄；而那些不敵誘惑而作法的人，黑暗面則會糾纏著他們不放。

我跟表親們年紀不相上下，在還不到能打麻將的年紀以前，都早早跟著大人在桌邊受訓了。我十歲的某個晚上，全神貫注在晚飯過後的一局麻將上。媽那時就快吃完晚飯，偶爾會走過來檢查我的狀況，給我一些提點。表哥金先丟出了西風。在麻將的牌組裡，西風帶有最強大的暗黑法力。接下來是表弟維，他也丟出了西風牌；表妹玲也有西風牌，她出了那張牌。現在輪到我了，我這副牌裡恰好也有張西風。我想說，既然其他三張西風都翻開了，已經沒有配成一對的機會，就不用留下自己那張。我伸手要拿西風牌的時候，媽從我背後走來。

她朝我放聲大吼，聲音大到讓大家都嚇了一跳，結果牌全都撒落一地，只剩西風還握在我的手裡。

幹嘛那麼誇張啦？

媽要我們四個圍著廚房餐桌坐好，跟我們解釋西風的詛咒。在一輪麻將裡，絕對不可以連續出四張西風牌。那是最重要的麻將規則，必須嚴格遵守。

媽說起一則傳說，故事跟定期一起打麻將的四個人有關。其中有個牌友特別貪心，桌上已經連續出了三張西風，輪到他出牌時，好巧不巧，手上正好握有最後一張西風。其他牌友都求他先不要出這張牌，要他等下一輪再出，以便打破這種連續出西風的模式。可是，如果他留住西風，就會把他自己的那副牌搞砸。只要抽掉西風，他就能「聽牌」。一般用「聽牌」來稱呼即將勝出的那副牌，也就是才差一張，就能湊成完整的一組。這男人手上那副牌的番數❾很高，會替他贏得大把的錢。他實在等不及了。

他丟出西風，錢都是他的了。那晚返家的時候，他是唯一的贏家。

幾天過後，他的牌友之一出門上班去。她撳下電梯按鈕，電梯到了，她踏了進去。一等電梯門關上，電纜就啪擦斷掉，電梯狠狠摔到底部，她馬上命喪現場。大

❾番數，麻將的計算方式，約同於台灣麻將常使用的台數。

家都稱之為詭異事故。

過了一個月左右之後，另一位牌友上夜店去。她在舞池裡時，店內突然爆發一場鬥毆，酒瓶齊飛。於是她趕緊躲進吧台後方，但吧台後面的鏡子因為這場紛爭而被砸得粉碎。後來警方抵達的時候，找到了她的屍體，有塊三角形的玻璃從她的脖子貫穿而過。大家稱之為詭異事故。

只剩兩個牌友了。

他們驚慌失措地會了面，試著安撫對方說這只是巧合而已。最後拋出那張西風的男人試著說服碩果僅存的牌友，說那個詛咒絕對不會是真的。他堅持說他們一定會平安無事。

那晚，他朋友冒雨走路回家時，一陣閃電擊中電線杆，他湊巧路過下方。閃電將電線劈斷，電線因此往下甩盪，於是第三位麻將牌友最後因為電擊而死。大家稱之為詭異事故。

打出第四張西風的男人聽聞這場意外的時候，知道自己麻煩大了。他到廟裡尋求指引，搖著籤筒，希望能抽到正向的訊息。每支掉到地上的籤條，都預言災難即將到來；他去拜訪風水師，但風水師只看了他一眼，就當著他的面把門砰一聲地關上，而其他的風水師根本拒絕跟他會面。好不容易，有個老村莊的風水師同意放他進門，那個男人苦苦哀求對方提供忠告、建議、護身符或符咒，不管是什麼，只要能夠赦免他的過錯就好。

風水師搖搖頭說：「你一定要為自己的貪婪扛起責任。你罔顧同伴情誼跟和平，選擇了一時的勝利，結果犧牲掉三條人命。這份債非得償還不可，避也避不了。接受你的命運吧，這樣你就可以清償一切，投胎轉世到下輩子去。」

這個男人大為光火，拒絕接受對方的評斷。幾天過去了，接著是幾個星期，一切平靜無波。他越來越有信心，晚上甚至又睡得著覺了。幾個月過去，他相信自己已經安度危機，於是找了新的一批人來打麻將。他連連告捷，贏得的賭金多到讓他決定買輛新車，此時距離他丟出第四張西風的那晚，已有半年之久。回家的路上，他決定開著新車、高速越過路橋。就在從坡道下來的時候，他一時失控，狠狠撞上柱子而當場死亡。當他被從汽車殘骸裡拉出來，身上不帶絲毫淤傷，也沒有出血的跡象，但有一隻手不見了——就是丟出西風的那隻。

媽的故事讓我這輩子對西風這張牌懷有偏見。每當靠西風贏牌，心裡還會覺得很彆扭，甚至還大費周章地調整，讓自己最後不要靠西風勝出。

那天晚上我們開車回家路上，我問媽為什麼西風那麼不好。

「不好的不是西風，不好的是那些濫用西風的人。」

透過西風的故事，媽教了我關於貪婪跟自私的一課。最後打出西風的那個人，為了享受一時勝利的快感，寧可讓牌友的生命陷入險境。他把個人的利益擺在別人前面，讓貪婪主宰了自己的決定。這麼一來，他不只影響了自己的宿命，也改變了朋友的命運。媽解釋說，我們做出的決定就像逐漸擴散的圓圈，會把我們周遭的人吞噬進去；相信人生是單一而且獨善其身的人，特質就是貪婪跟自私。媽在成長期間，見識過貪婪跟自私的影響力。她曾經因為父母的貪婪自私而受苦，他們嚴重嗜賭成癮，始終把自己的需求跟衝動看得更重，罔顧孩子的利益，而且為了自保，甚至願意冒險犧牲長女。

這就是為什麼媽總是能夠管控自己的賭性。我在成長期間，她還是照樣打麻將。儘管麻將打得很頻繁，但她從來不曾讓麻將妨礙我的教育或福利。不知為何，這隻咕咕雞成功地把麻將（對她的童年帶來負面衝擊的賭博），變成了自己親職理念的教育工具。「如果妳想搞砸自己的人生，可以，」媽總是說，「但是問題是，當妳把人生搞砸的時候，也會把別人一起拖下水。」

醫院裡的鬼

在西方社會裡，醫院是療癒的地方，就是有人照料、修復、保護你的所在。醫院是生命初始之處，也是眾多生命結束的所在，因此，不少華人相信醫院會鬧鬼。

媽對醫院熟門熟路——熟悉到過頭，她的身體向來不算硬朗。媽住院期間，對於我何時可以去探病，立下了十分嚴格的條件。不管病得有多重，當我的運勢太差或太好，她都不希望我在某些月相期間去看她，而且更喜歡我趁還有陽光的時候去找她。有時情況特殊，我傍晚還是必須待在醫院，她就會堅持我在天黑之前離開；這麼一來，在醫院裡徘徊不去的鬼魂就不會影響到我。鬼魂在籠罩於黑暗裡的走廊上遊蕩，尋找新的糾纏對象，或是等著懲罰那些還能呼吸（而它們自己已無呼吸）的人。媽擔心這些靈魂會影響我的運氣。要是我當時的運氣正好很背，她便不希望我接觸到可能會讓我雪上加霜的情況；要是我當時運氣恰好不賴，她更不希望我接觸到可能會讓我丟掉好運的情況。

幾年前，我們聚在一起的某個下午，她抱怨說視線變得不大清楚，手臂隱隱刺痛，而這種現象已經持續幾天了。當時我有場會議必須參加，於是我催她上醫院去。她還在急診室裡等候時，我的會議就已經結束，這時太陽已經下山。媽知道我想趕過去陪她，但也曉得我隔天得為了重要的公差出門。她說我應該不用過去，至少先等醫生替她看診再說。一個鐘頭過去了，我還是沒有她的消息，於是撥了她的手機。但她遲遲沒接聽，我恐慌了起來。最後我爸打電話告訴我，院方判定媽小中風。我邊哭邊收拾自己的東西，準備上車趕到醫院去。我聽到爸跟她說我要過去了。那時已經接近半夜。

她咕咕大叫。

突然間，那個聲音從電話裡朝我狂吼。她不肯讓我過去，也不願聽我的懇求。她很在意我的事業，也很介意我在醫院會接觸到惡靈，事業會因此受到影響。從她在電話線的另一端對我發飆、堅持不准我過去的氣勢看來，你不會曉得她剛剛才小中風過。不管我怎樣哀求，她就是不動如山。她寧可不要見我，也不要讓我冒著運氣被靈魂偷走的危險。

媽曾經親身體驗過醫院的靈魂。

有一回她病了好久，肌肉功能受到影響，必須在復健醫院裡住好幾個星期。她的病患手環在天天洗澡跟自然磨損的情況下，變得破破舊舊。媽一直纏著醫護人員，要他們給條新的。即使在醫院裡，媽還是很講究外表。她不希望手臂上掛著破損的物品，而想要嶄新閃亮的東西。護士忙得不可開交，沒辦法立刻替她做個新手環，請她先忍耐一下，在他們給她替換品之前先戴舊的，這倒是情有可原。但媽索性把舊的手環撕開扔掉，想說沒人會認不出她來。

那天深夜，她覺得有東西先是捏掐著她雙腳的趾頭，接著逐漸變成了拉扯。痛是不痛，但是感覺很煩人，而且持續不斷。不久她就打起盹來，但捏掐的感覺又把她吵醒了。那天晚上她睡得很不安穩，而且接下來三個晚上都是這樣。隨著每晚過去，捏掐的力道越來越激烈，也越來越惱人。媽請神經病理學家替她檢查，他們做了些檢驗，卻找不出造成腳趾捏掐感的病因。事實上，就他們看來，她的健康正逐漸好轉，神經也漸漸再生了。

媽滿頭霧水。她聽到自己的健康有了起色，是鬆了一口氣沒錯，但還是必須查明雙腳為何會有被捏掐的感覺。她有種揮之不去的感受……就是覺得自己不受歡迎，她想找出原因所在。她開始害怕就寢時間。如果希望自己的健康以穩定的步調持續好轉，休息是至關緊要的。她迫不及待想要復原到可以回家的程度。正當媽還在擔心這件事的時候，護士踏入病房進行當日最後的檢查，而且還帶了個禮物來。

原來他們終於撥出時間替她印了個新手環。她戴了上去之後，那晚不受干擾、一夜好眠。隔天早上，媽才領悟到，她把原本的手環撕掉是個失誤。她很確定前幾晚是鬼來打攪、掐她的腳。華人相信鬼會搶佔地盤，這些鬼一定以為她是個擅闖者，因為她手上沒戴可以表示她隸屬醫院的手環。媽斷定那些鬼一定是急著守護自己的領土，判定她擅自闖入，直到她換上手環、表明她是該機構的正規住戶為止。

這件事給了媽一個教訓。她蔑視了醫院的政策跟程序，而且是出於虛榮的動機。對媽來說，這是個學習經驗，因為她對於自己該遵守哪些習俗跟成規，向來有點……這樣說好了，向來有點**東挑西撿**。

對媽來說，百貨公司跟跳蚤市場兩者是可以互換的。如果你可以在跳蚤市場上討價還價，應該也可以在購物中心這樣做。「可不可以別含稅？」是她最喜歡的問題，不管到哪裡都會試上一試。「檯面下」是她偏好的付費方式，而且也不認同為任何事情排隊的作法。多年以來，每逢週末，只要港式飲茶餐廳需要候位，我跟爸都會找藉口不要跟媽同步抵達餐廳。因為她只要看到空桌，就會不管三七二十一硬坐下來。她會端出氣勢凌人的姿態，所以從來沒人質問她。等我跟爸晚幾分鐘抵達了，桌上早已擺出茶壺，而且已經點完菜。

媽這種行為最後通常可以安全過關，只有這一次，因為她不遵循病患的辨識政策，鬼就來挑釁她。這件事讓她重新評估自己對秩序的看法，至少是醫院裡的秩序。可是，直到今天，她還是最愛問：「可不可以別含稅？」

智者壽跟桃子

華人相信孕婦會吸引鬼魂。他們相信，那些早夭的嬰靈，在沒有完結的情況下，總是在尋找重返人世的機會，並稱它們為「冤鬼」或是「纏人的靈魂」。它們在塵世與靈界之間遊蕩不去，渴望回歸生者的土地，就像失去一切卻依然離不開賭場的賭徒，選擇站在牌桌附近看別人玩，迫切渴望有個重回賭局的機會。

對冤鬼來說，返回人間的機會就是要透過「投胎」的過程。這個用語直譯起來的意思，就是「跳入子宮裡」，也就是華人版本的轉世。而轉世的容器，就是尚未出生的孩子，他們在子宮裡的靈魂原始潔淨、尚未成形，而且完美無瑕。就「未出生嬰孩」這個競爭激烈的領域來說，媽肚子裡所懷的，是最完美的一個，也就是每個鬼魂都想附身的嬰兒、終極的投胎候選人。我的出生過程平凡無奇，但我媽懷孕期間的經歷就非比尋常了。

冤鬼只會在媽睡著的時候影響她，這就是為什麼媽在懷我期間會做那麼恐怖的惡夢。鬼魂每晚都會纏著她不放，一連好幾個月。夢裡，它們會尾隨她走進暗巷，把她困在潮濕的角落裡，腐爛的手指伸向她的肚皮。它們有時會跪在地上，哀求透過她再次降生於世。她說它們討價還價、連哄帶騙。它們跟她講了自己的悲慘故事：有個女孩的愛人為了恢復自由身、迎娶富家女並享受財富，於是背叛這個女孩、將她推下懸崖；有個男人夜裡被兄弟下毒謀害，因為對方想接管他的生意；有個男孩還沒滿六歲，失去指頭的雙手只剩大拇指，男孩用大拇指鉤住她的口袋，乞求能有機會過個不同的人生。它們在她的夢魘裡對著她哭嚎，步步進逼，想要奪走她的嬰兒，而媽每次都會犧牲自己。她在潛意識裡的自殺，是為人父母者無私的終極表現——而她，我永遠的英雄跟救星，會在即將用刀自刎以前，在夜半驚醒過來。就是這種了不起的勇氣，引起了老智者的注意。

你去過華人的家嗎？除了一拳舉在半空的瓷貓之外，大部分的華人住家都會擺出三智者的塑像。

「福」代表好運，「祿」會帶來興旺。「壽」則是頂著光頭、老態龍鍾，一手握權杖、一手拿桃子，如同東方的甘道夫，代表的是長壽。

媽開始陣痛的前一晚，鬼魂的態度特別執拗。「選我！選我啊！」它們吶喊著，一面團團圍住她，猛扯她的頭髮跟睡袍，貪婪地瞅著她的肚子。她整個人嚇傻了，怕得動彈不得。突然之間，它們害怕地縮起身來。原來是老智者壽來拯救她了，壽的笑容仁慈、眼神和藹。

壽揮手把鬼趕走，將媽扶起身來。祂叫她不要害怕，並跟她說，祂是來保護她的；因為她懂得感謝、敬神又勇敢，所以值得祂挺身保護。接著祂把桃子交給她。「把這個吃了吧，」祂說，「可以保佑妳孩子的平安。」媽出言抗議，說她沒有資格接受。智者壽堅持要她收下，並對她的謙遜賜下祝福。

「等妳不再需要這顆果子的時候，我就會回來拿。好好照顧妳的女兒吧。」接著他踩著蹣跚的腳步緩緩離去。媽醒了過來，知道自己即將生下女兒，而且也開始陣痛了。

有朋友曾經問我，為什麼有一次她帶著新生兒去公園，路過一個華人老太太身邊，對方竟擺臭臉給她看。華人的習俗規定，小孩一定要在「滿月」之後才能離開家門，要不然會替嬰兒跟母親招來大霉運。經過一個月的隔離之後，就要大肆慶祝，歡迎寶寶踏入社會。我在滿月派對上狂哭不停。媽說，大家都在竊竊私語，說這是壞兆頭；愛嚼舌根的三姑六婆，還有愛散播謠言的鄰人，都懷疑她生下了一個禍害。隔天早上，媽把我從嬰兒小床裡抱起來，注意到我右眼角上有個小紅點。起初她以為是我前一天晚上猛哭的結果，可是那個紅點卻一週週持續長大。等我一歲的時候，已經長成了一大團紅色東西，中間有道淺色的線。媽說，那個東西是桃子成熟的顏色，而且形狀也很像，雖說現在看照片，我覺得更像陰陽符號。

專家紛紛從世界各地飛來看我這顆眼睛桃子。每個星期，爸媽都帶我去就診。醫生說這在醫學上算是種畸形，最後跟我爸媽說，要是動手術，很可能會對神經造成損害，讓我失去視力，於是爸媽決定放著不管。但這個作法只是強化了媽的決心：她的勇氣跟個性足以養大臉上長了怪斑的女兒。

我四歲的時候，那顆眼桃開始縮小。再次回去看醫生，一週週過去，他們測量著逐漸縮水的桃子，一面百思不解地搖著頭。眼桃無來由地突然消退，讓他們摸不著頭緒。這時，媽想起智者壽以及她做過的夢，保護我度過了最糟糕的時期，現在我已經準備好在沒有祂監督的情況下繼續生活。等我六歲的時候，幾乎不會有人注意到眼桃的痕跡，只有仔細觀察，才會看到一抹淡粉紅的殘影。

不過，它還是繼續存在。媽相信，那顆眼桃不只保護我不受靈魂傷害，也替我擋掉了大小病痛。我兒時鮮少生病，因為智者壽的贈禮幫我抵擋了可能致命的感染，甚至是毀滅性的意外。不過，智者壽的贈禮也只是媽護女心切的母愛所帶來的直接結果。

我是哈利波特！結果發現並不是。從我人生的故事開場以來，我向來就只是配角，所以並不會有七本專門描述我個人傳奇的系列書籍。因為，咕咕雞才是女主角。

大部分的兒童故事會把孩子神化——小孩很寶貴，是特別的、經過揀選的。大部分的家長也會將自己的孩子神化，讓孩子成為節目的星光、矚目的焦點，而家長只是默默潛伏於後台。舞台的燈光主要對焦在主角（他們的兒女）身上，家長熱切地接受燈光傳來的殘餘暖意，頂多偶爾為了自己創造出這些非凡生物，自居一點微小的功勞，即心滿意足。

對咕咕雞來說，**她**才是那個非凡生物。她將自己神化。我的眼桃傳說，跟我一點關係都沒有，卻與她息息相關——她面對鬼魂的無比勇氣，還有她比山高比海深的母愛。她父母不曾為她做的，她都為我做到了：她是我的母親跟英雄；她把我從鬼的手中搶救出來，並且將生命賜給我。而且，她教我要花下半輩子好好回報她。

我知道，這些故事聽起來都很誇張。它們雖有娛樂效果但難以置信，就是孩子會隨著自己的世界寬廣起來而拋諸腦後的故事。可是，我卻擺脫不了咕咕雞的那些故事。她講這些故事的時候，我會聽到她語氣裡的信念，她就是因為深信不移而傳述這些故事。因為她相信它們，所以我也跟著相信下去。我媽說起故事來就是這麼有威力——對我來說，比理智還有力、比懷疑還強大、比事實更持久。媽故事裡含有的道德訊息，形成了我的人生準則跟行為標準的基礎，沒有什麼比這些更真實了。

咕咕雞最精彩的鬼故事，也是她打算教我的最重要功課：母親的愛最偉大、母親懂得最多。這點倒是滿貼切的。

要給我的錢呢？

媽每年生日的時候，我都會打電話祝她生日快樂。**我**每年生日的時候，也會打給**她**，祝**我自己**生日快樂。每逢我生日，媽並不會打電話給我，我才該打電話給**她**。這當然是有原因的，而這個原因我永遠都不可能忘記。不過，有好幾年為了好玩、為了想聽她再說一次，我就會問她為什麼。

「妳生日，我為什麼應該打給妳？妳才應該在你生日的時候打給**我**，感謝我把妳生下來。好了，要給我的錢呢？」

要感激媽生下我，沒有比送她錢更好的方式。看到我的時候，她劈頭就說的頭一件事如果不是這個，那麼，從她嘴裡吐出的第二件事也絕對會是這個：「要給我的錢呢？」

很多西方父母聽到這種問題，可能會大驚失色。母親怎麼可以向小孩討現金，態度還這麼大剌剌的？我在北美洲長大，知道金錢這個話題會讓大多數人感到不自在，談論金錢是失禮的行為。討論買什麼要多少錢、什麼又要花多少費用、薪資有多少，都被視為不得體的表現。我在非移民家庭裡長大的朋友，有不少人從來不跟父母討論錢的事情。他們從不曉得父母的收入有多少，更不知道房貸跟雜支等事情，他們的父母都把金錢當成禁忌話題。

不過，華人家庭一般都對錢抱持較為開放的態度。二〇〇八年美國股市崩盤以及緊接而來的經濟蕭條之後，中國的物質主義迅速成長，媒體針對這個現象做過不少探討。中國持續以超級經濟強國之姿竄起，商業分析師跟文化人類學家注意到，中國消費者對於高級精品的胃口，似乎難以饜足。很多中國人對於任意揮霍錢財這件事，都不會刻意避諱，而且事後還會告訴你。讓我們有所不同的，就是前述句子的後半「不會刻意避諱」，而不是前半「任意揮霍」。就我看來，中國人不是比別人更重視物質，我們只是對自己的物質主義比較坦白不諱。

在華人文化裡，金錢跟尊重、愛有直接關連。錢是我們用來展現感激的方式，也是用來表示我們在乎的方法；錢是單純的感情象徵，比擁抱更具體有形，比親吻更實用，常常也更為持久；最重要的是，錢的用處**多多**。父母跟孩子之間、家庭成員跟朋友之間，就是憑著這樣的精神來分贈現金的，這一點在我們大多數的習俗跟傳統裡都顯而易見。這就是為什麼遇到生日跟節慶的時候，長輩會在叫做「利是」⑩的紅色信封裡塞滿錢。「利是」的意思就是「幸運的錢」，這種錢具有雙重功能——主要的功能不言自明，但同時又帶有正向能量與祝福，可以保佑你平安快樂。

我跟表親們成長期間，如果堆在耶誕樹下的盒裝禮物特別豐富，我們就會滿失望的。因為太多禮物就表示，我們收到的「利是」會比較少，而每個人都寧可要「利是」，不要普通的禮物。謝謝啦，可是如果你給現金，我可以自己去買毛衣，而且

⑩廣東話的利是，即為紅包。

老實說，我還寧可去買糖果。大人允許我們在晚餐過後打開禮物，我們最後總是聚在一起，數算自己得到的現金。我爸那邊的祖母最慷慨，她一次會給十塊錢，十塊錢可以買好多 QQ 熊軟糖呢。

「利是」在中式婚禮上也是標準的禮物。我們才不會搞什麼婚禮禮物登記[11]，反正我們也用不到什麼船形肉汁皿。下次你受邀參加婚禮的時候，這個忠告你就可以現買現賣嘍。把用來買船形肉汁皿的現金，跟著卡片直接塞進信封裡就是了。我向你保證，收禮人會更感謝你。

在華人婚禮上，錢這個話題常常出現。關於華人婚禮，我最愛的傳統之一就是「新娘議價」[12]。按照習俗，新娘跟新郎要一起抵達典禮現場。可是，在典禮之前，新郎會在男方人馬的陪同之下，前往新娘家裡迎娶她。他敲了敲門，新娘不予回應。她先在屋裡靜靜等待，由伴娘出面交涉新郎得付多少過路費。她們會透過門板叫喊價碼，面額總是要跟「九」這個數字有關。九這個數字在傳統上代表著長長久久，換句話說，面額裡有越多「九」，婚姻就會越「持久」。

這個遊戲的玩法有如正式的商業交易。新郎跟他的人馬從低價開始出價：「我們給你們九塊又九十九分。」伴娘們回覆：「就這樣？想都別想！少於九百九十九萬九千又九十九分的金額，我們一律不接受！」

他們就這樣你來我往好一陣子，直到敲定雙方都滿意的金額。在那個節骨眼上，一位伴娘會將門鎖打開，新郎就可以把現金遞過來。等女生們把紙鈔清點完畢之後，新郎就衝進來接走新娘。而那筆錢就由伴娘平分，等於是對她們多年來的支持與友誼表達謝意的禮物。

接著，新娘跟新郎到父母家去參加茶會，他們兩人要跪在長輩面前、鞠躬奉茶。老一輩會給這對新人婚禮「利是」，作為奉茶的回報。「利是」代表著父母跟祖父母能夠提供給孩子的起步優勢，也代表著期盼他們婚姻能夠長久幸福的祝願。

⓫ 新人去商家登記需要的禮物清單，即將參加婚禮的賓客可以到指定商家去看清單，據此來決定送新人哪種禮物。

⓬ 新娘議價，在廣東話中稱作開門利是。

在我的婚禮上，媽交代我別把我的「利是」花掉，而要塞進我的枕頭套裡。我養成把「利是」塞進枕頭套的習慣，到現在已經超過十年了；「利是」就在我入睡期間持續累積。枕頭套是個豐饒肥沃的所在，滋養著父母給予的祝福跟希望，當然也滋養了我的銀行帳戶。放進枕頭的「利是」象徵著個人的財富，也象徵著這個想法：隨著枕頭套內容的增長，你的運勢也會越來越旺，而我也正好需要。因為打從我成為人妻以來，父母不再為我負責，而結婚那天我正式扛起了照顧他們的責任，至少就財務上來說是這樣。金錢流動的方向變了，而且要投入越來越多的錢，才能滿足媽的需求。

大多數人會在父母生日的時候，請他們出去吃飯。這很正常，對吧？我結婚之後，隨著事業越來越有起色，我從生日祝賀電話，升級到了生日宴會。既然我現在擁有事業以及穩定的收入，眾人會期待我不只是替媽買單，還要替她京劇社團跟佛教祈願圈的每個人付費（即使他們彼此並不大熟）。

每年，媽都會舉辦宴會來為自己慶生。她會在中式餐廳預定好幾桌的座位，而且也訂了包廂。她跟她的賓客一開始先吃港式飲茶當中餐，飲茶過後，就會轉移陣地，到包廂裡打幾個小時的麻將，最後再出來享用晚餐。晚餐點的都是上等菜色：乳豬、北京烤鴨、龍蝦、螃蟹——基本上就是中式婚禮上會有的精緻佳餚。一年只有一次，就在三月九日，媽彷彿再當一次新嫁娘，最後再把帳單交給我。

不過，媽並不會表現出是她自己替宴會買單的樣子。她會讓每個人都清楚知道，我才是出錢招待她跟她朋友的人。我們根本無法低調處理帳單，因為我根本不曾用信用卡替她慶生過。華人機構都偏愛現金，而媽也更喜歡我用現金付帳，她總是在活動的前幾天就開始催我快點準備。

「別忘了帶現金唷！最好都帶二十元紙鈔。」

「為什麼要二十元紙鈔？」

「用二十元紙鈔付帳，比較花時間。妳必須在現場好好數鈔票。」

過程是這樣的：吃完點心之後，她會告訴餐廳員工我們準備要結帳了。他們會拿帳單給她。然後她跟爸就會仔細檢查每個項目，確定自己沒被坑錢而且有百分之十的特別折扣。除非拿得到折扣，否則媽不可能到任何一家中式餐廳吃飯。（我不曉得她是怎樣要到折扣的，我只知道，等她帶我到她目前興趣正濃的中式新餐廳吃飯的時候，事先都已經談妥折扣，而且他們總是知道她叫什麼名字。我曾經試著問她，她吃折扣過的飯會不會覺得反胃。她告訴我，協議過的東西吃起來往往更可口。）

等我父母對帳單表示滿意之後，媽就會裝腔作勢把帳單傳給我，然後對著所有的客人宣布，買單的會是我。這時，就在眾目睽睽的狀況下（約莫四十雙眼睛），輪到我笑容滿面抽出皮夾，取出我那疊二十塊錢紙鈔，一張接一張地數算清楚。我第一次數鈔買單時，表演焦慮症突然上身。那就是一場表演沒錯，表演替媽的生日宴會結清帳款，扮演慷慨盡責的女兒角色。頭一次我的雙手不穩，把黏在一起的兩張紙鈔扯開時，動作稍欠優雅；等我把紙鈔擺在桌上，都已經皺巴巴的了。媽在事後批評我的動作缺乏協調，且說慷慨仁慈的人付帳，動作會是平順又優雅，而我卻一副小氣巴拉、不甘不願的模樣。搞不好我在無意識之中就是這麼想的吧，畢竟是一筆為數不小的花費啊。隔年我的技巧就有了進步。我之所以知道，是因為她沒再提起。

生日宴會的買單儀式，是媽年度的炫耀機會。不過，她的炫耀並不限於生日宴會，因此，我要幫她買單的事情也不只有生日宴會。

媽打電話來，我總是能辨別她身邊是否有聽眾。首先，當著別人的面跟我講話，語氣總是和藹可親。當我說「和藹可親」，意思是指「自我克制」。要我媽從咕咕雞調整為她自認甜美的聲音，是很耗精氣神的，聽起來反倒像是掐著她脖子講話似的。某天她跟朋友出門，撥了通電話給我。「女兒啊，我跟京劇課的阿姨說，妳要出錢請我參加遊輪之旅，他們也都想一起來了！我們打算去歐洲！」

我從沒主動說要送她去搭遊輪過，不算有。前一天晚上電話裡，她抱怨自己好久沒回香港，即使SARS[13]疫情在幾年前（二〇〇三年）已經過去，但她還是很怕回那邊。所以我跟她說，她應該改去歐洲走走，跟爸一起度個假。她說她不想去歐洲，因為活動起來不是很方便，而且語言障礙會搞壞她的心情。於是我跟她說，搭遊輪去玩會比較輕鬆，因為這樣會有固定的行程可以遵循。她說她會考慮看看。

事隔不到二十四個小時之後，她不僅考慮過了，而且現在還得由我付費。我默默留在電話線上，讓她自己把我們的對話講完。她回答了我沒問的問題。「噢，女兒，沒關係。媽媽會自己處理保險的問題，那個妳不用操心。對，女兒，我一定會跟妳說要多少錢，這樣妳就可以打電話給旅行社。不用，女兒，我不用搭頭等艙。我跟阿姨們一起坐經濟艙就可以了。」

我一掛掉電話，我先生就問我，媽是不是又當著朋友的面跟我講電話了。到了那時，他已經習以為常了。可是起初他覺得好怪，那些在非華人家庭裡長大的人就會有這種感覺。旁觀者就會自動判定我媽既貪婪又很機會主義，會利用女兒的資源牟求私利，滿足虛榮跟自我。

可是我父母並不需要錢。他們向來工作勤奮，付得起自己的生日宴會。每個與會者都明白我父母有能力自己支付，我替她的生日宴會買單並不是剝削行為，而是榮譽問題。我出錢幫母親舉辦生日派對，是非常公開的榮譽。那是展現榮譽給社群看，也體現了華人社會裡最重要概念之一：孝道。

孩子應該善待父母，所有的文化普遍上都有這樣的期待。在華人文化裡，孩子必須善待父母。對華人來說，孝道是文化的根本，是儒家哲學的基石，因此也是定義華人文化的美德：人生的主要目標就是要尊重自己的父母與祖先。根據孔子的訓示，孝道是唯一能確保未來世代享有和平與幸福的方式。

孝道規範著每個行動。我們無論在家裡或在外面都要關懷父母，我們一定要勤奮工作養家，一定要為家庭犧牲。不是一天，也不是一年，而是**永永遠遠**，孝道是個終身的要求。尊重父母、撫養父母、替父母帶來驕傲與榮耀，是每個孩子應盡的職責。孝道把負擔放在孩子身上，而不是父母身上。

這就是華人跟西方親職理念的重要差異。在現代，西方親職把重心放在孩子而不

⑬ＳＡＲＳ，「嚴重急性呼吸道症候群」的簡稱。二〇〇二年首發於中國廣東，在香港造成嚴重疫情，並擴散至全球。至二〇〇三年五月，世界衛生組織（ＷＨＯ）始撤除對香港的旅遊警告。

是父母身上，也普遍認為，身為父母是人類最無私的行為。母親只想替孩子謀福利——提供機會給孩子實現**自己的**夢想、完成自己的目標、盡量過最好的生活——而不求回報。他們鼓勵孩子要獨力追求**自己的**志向。如果孩子過得幸福，父母也是幸福的。不過，根據孝道的信條，情況恰恰相反：孩子確保父母得到幸福，自己才能享有真正的幸福。這點是我媽為人母的一貫立場，也是她小時候秉持的想法。

媽的雙親不是特別負責任或慈愛的人。他們怠忽職守、束手旁觀，再三對她造成傷害；更糟糕的是，他們毫無悔意。就西方的標準來看，媽大可轉身不理會她的父母，遺棄他們、永不原諒，毫無遺憾地拋棄他們。可是，媽從磨難中倖存下來，變得更為堅強，從磨難當中找到了自己專屬的咕咕雞啼聲，也一路奉行孝道的守則。她在家門之外，從未講過父母的不是。她持續扮演盡責的長女角色，繼續無怨無悔照料五個弟弟姊妹，她毫無怨懟地將自己的大部分收入都交給父母。她跟我父親結婚的時候，還謙卑地跪在整個村莊居民面前，在她祖先們的見證之下，當面向父母感謝養育之恩。她也繼續替他們收拾殘局，再三反覆，常常因此犧牲了自己。

我六歲生日之前的那個夏天，跟媽在香港一起過暑假。每隔一天，她就會帶我到外婆家去報到。有天下午，通往我外婆公寓（外婆在那裡經營麻將館）的走廊上滿地瘡痍，到處散落著殘破的物品。門是開著的，當我們走進屋內，迎面就是一團亂象：四處淨是玻璃碎片，已被砸毀的電視翻倒在地，麻將牌扔得處處都是，沙發被刀割破。我記得自己踩到筷子差點滑倒，媽及時抓住我的手臂，我才沒撞上矮桌的邊角。外婆坐在浴缸裡放聲哭嚎，外公關著門在臥室裡猛抽菸。

原來外婆在市中心更大的麻將館裡玩高賭金的麻將，欠下了一屁股債之後，又延誤了償債的時間。那些麻將館是當地幫派成員所經營的，他們派了暴徒來討債。外婆拿不出現金，他們就砸毀她的公寓作為警示。他們警告說，下一次出手會更狠。

媽知道這些威脅是來真的，她也知道不能再有所拖延，更清楚自己的協商技巧解決不了這個局勢。媽握住我的手，大步踏出門口，我們走到她的好友之一——賴嬸嬸擔任經理的銀行。媽交代我在外面等等。透過玻璃，我可以看到她坐在賴嬸嬸的辦公室裡抽菸等待，賴嬸嬸則在出納跟金庫之間忙進忙出。最後，媽簽了些文件，並拉上皮包拉鍊，我們準備要去把外婆的賭債還清。媽在麻將館結清債款之後，我們回到了外婆的公寓。半路上，她在玩具店幫我買了立體卡片遊戲組。我坐在外婆被割成碎條的沙發上玩自己的新遊戲，媽則是替她母親擦澡、送她上床睡覺。我埋頭玩耍的時候，媽忙著把椅子跟翻覆的桌子扶正，將電視的碎片掃進垃圾桶，趴在地上用抹布把地板磁磚擦拭乾淨，完美的紅指甲來來回回推著，刷除地板上的泥土跟塵埃。

兩天之後，我們提早一個月搭機返回加拿大，因為媽得回去上班。她原本已經身兼兩職，現在為了償清她為了解救外婆而向銀行申借的貸款，週末又多兼了一份工作。

我媽付清了她母親的債務。等她父親病倒的時候，她也同樣盡心盡力。那年夏天我十一歲，外公已經病了好幾個星期。我很怕看他的模樣，他雙眼泛黃，臉色也黃巴巴的，嘴裡還會呼出臭氣。外婆的麻將館暫停營業，去我外公外婆家再也不好玩了。外公生病以前，那裡總是熱鬧滾滾，麻將牌友會東家長西家短，非常有娛樂效果。現在，牌友們不在，整個地方變得靜悄悄。臥房一直傳來外公的呻吟聲，而且沒人能陪我玩耍或聊天。大家認為他已經藥石罔效，現在只是在等死而已。

媽請中醫師過來替外公看診，看看有什麼療法。那男人的鼻毛好長，他來到門口的時候，我很不想跟他打招呼。媽罵我沒禮貌。他們消失在外公的臥房裡好久好久，久到我開始擔心媽出來的時候，也會冒出長長的鼻毛。當他們終於出現，媽的臉上有種我已經認得的表情——決心。鼻毛醫師離開之後，媽馬上打電話給賴嬸嬸，安排讓我到她家借住幾天，因為她為了幫忙我外公而必須出門一趟。我哭了起來。我不希望媽因為鼻毛醫師的吩咐，就把我丟下來自己離開。

不過，媽是要去中國。她說她要尋找一種可以拯救外公生命的神奇烏龜。神奇烏龜？這番話讓我重新思考鼻毛醫師是否真的很噁心。這傢伙竟然推薦神奇烏龜耶，醫術應該不會爛到哪裡去吧。很多中國人相信烏龜具有療效，據說用烏龜熬煮成的湯，對於那些飽受疾病所苦的人，可以有效治療好幾種病症；而對身體健康的人來說，則具有延年益壽的保養功效。依照鼻毛醫師的說法，中國廣州某個小村裡的烏龜功效特別強大，媽打算到那個村落買神奇烏龜回來，並且遵照鼻毛醫師開出的食譜來料理烹煮。她告訴我這趟路程相當艱辛，不適合小孩，於是要我在她回家之前，先待在賴嬸嬸家裡晃晃。

這趟旅程花了她兩天時間，而且她一回來就直接上外公家。我迫不及待要看看那隻烏龜，於是堅持要賴嬸嬸帶我過去。遺憾的是，烏龜老早已屠宰完畢並切成塊狀，等我回去的時候正煮得滾滾沸沸。媽守在熱氣蒸騰的陶瓦鍋旁，我衝上前去，她吼著要我別擋路。那天，媽的語氣比平時還要尖銳，而且她一臉疲憊。她還沒空吹整頭髮，滿頭髮絲無力扁塌，從中間分了線，黏在臉龐兩側。我知道這時最好別去煩她。

幾個小時過後，烏龜湯準備就緒。媽端了一碗到外公的臥房，坐在床邊的椅子上。我怕得不敢進去，但又很好奇神奇烏龜會不會改善外公的病情。我把腦袋探進門框，看到媽豔紅的長指甲，掐著湯匙舉到外公嘴邊。他閉著雙眼，每次吞嚥的時候，她就耐著性子等候。他發出來的聲音，還有身上飄來的悶濕臭氣，讓我覺得好噁心，但是指甲與湯匙同時卻又教我看得入迷。媽的指甲跟湯匙繞著碗內，慢條斯理地轉個不停，一次次從湯汁表面撇起一層，然後回到外公的唇邊。

媽每隔三個小時就餵外公一次，直到鍋底朝天、一滴不剩為止。三天後，他就能下床；過了一週，他就再次到處走動了；兩個星期之後，他幾乎完全恢復正常。神奇烏龜真的有效。

多年之後，外婆過世了，當時外公早已離世，我向媽問起那筆債務跟神奇烏龜的事件。我問她，父母當初那樣對待她，她怎麼願意大費周章協助父母？媽解釋說，孝道可以保護未來。她相信，孝道就像把錢存進銀行戶頭——你為父母做越多善事，你就會在儲蓄裡累積越多卡馬⓮點數。而那些點數是給你的孩子使用的，如果他們哪天面臨挑戰或是犯下過錯，那麼之前存在孝道銀行帳戶的好卡馬，就可以提

⓮卡馬（Karma），佛教裡的「業」，意指因果循環關係。

領出來，幫助他們安度難關，讓他們的試煉輕鬆一些，縮短他們歷經苦難的時間。所以說，媽是為了我才對她父母好的。算是啦。說得更精確點，媽善待她的父母，這樣我最終也會善待她，所以她的一切努力都是值得的。這就是媽個人對孝道的解釋。就她對孝道的運用跟詮釋來看，最終的受惠者就是她自己。

對咕咕雞來說，出生就是一項贈禮——是父母給予孩子的頭一件禮物——而這份禮物是孩子必須一直償還下去的，一次又一次。媽報答了她的父母。現在我做的也是同樣的事。

可是那算自私嗎？那表示她是個自私的人嗎？唔，當然。不過，所有的父母不都是自私的嗎？老實說，不是嗎？

大家為什麼要生孩子呢？

大家生養孩子，是為了要有愛的對象；大家生養孩子，是因為孩子讓**他們**快樂。

那是無私的？還是自私？

對我媽來說，決定生孩子是自私的。她自己都承認了，她生養我是為了讓她自己快樂。在她心裡，要不是多少可以從中獲得什麼，她何必長期抱著小寶寶，餵養他、為他操心、為他懷抱期望？這套想法用來應付那些正值叛逆期，被強制遵守家規，極力爭取權益而憤慨不已的青少年，尤其有效。

我十六歲的時候，家裡的宵禁規定是，如果場合特殊（生日派對等等），最晚半夜一點要回到家，這點是沒有任何通融餘地的。當時，學校即將舉辦讓我亢奮不已的舞會。我有個很受歡迎的男友，因為我是他女友，我也跟著雨露均霑。那場舞會是那年我們可以成雙入對的第一場校外活動，很多女生都很嫉妒我。所以那天晚上我想要盛裝打扮，我想要跟男友手牽手步入舞會，讓自己無愧於眾人的欣羨。我的洋裝真的很俏麗，髮型也很適合我。舞會之後，所有的酷小孩都要參加某人在家舉辦的派對。我們的計畫是要在地下室溫存親熱，待到黎明才各自返家。我很確定如果我凌晨一點就必須回到家，就會錯過續攤的派對，就無法擁有完整的體驗。況且，我必須在現場，以確定不會有人跑去搭訕我男友。

我靜待媽心情大好的時機。就在舞會前幾天，她回到家的時候。那晚她打麻將的手氣很好。於是我在就寢前問她，我們可不可以破例一次。我問她我能不能在舞會之後，跟朋友在某人家裡一起玩到很晚。她說不行。於是我轉換策略。我跟她說，如果我不去，別人會排擠我，以後大家都不會把我當朋友了。這招大錯特錯，只是強化了她的決心。「我為什麼要因為妳沒安全感，就要跟著調整規則？」她問。

我決定重整旗鼓，晚點再試。反正我隔天會領回一份考試成績，只要有好成績，媽通常都會給我獎勵。那天下午我放學回家，我拿成績給她看，是九十三分。「欸，媽，我是班上得分最高的其中一個耶。可不可以延後我舞會之後的宵禁時間，當作獎勵？」

「目前的宵禁看來效果不錯，妳在學校的成績很好，那我為什麼應該延後？我延後妳的宵禁之後，萬一妳的表現開始下滑呢？不了，多謝。」

於是我情緒爆發了。我大發牢騷、暴跳如雷，發了好大一頓青少年風格的脾氣。我指控她虐待小孩，我跟她說我討厭她。我說，我認識的人的媽媽裡，最差勁的就是她。我還跟她說，她很不會當母親。「妳只會把我搞得慘兮兮的，我不懂，那妳幹嘛還生我？妳為什麼要把我帶到這個世界上！」

對某些母親來講，這些字眼聽起來可能很傷人。甚至有些母親會因為惹孩子不高興而歉疚起來，最後不得不讓步。因為他們把孩子的快樂擺在自己的快樂前面，說到底，大部分的父母只希望自己的孩子快樂，我先生的家庭就是那樣。他們有波蘭裔的背景，永遠也不敢奢想從孩子那裡收到禮物；成為收受禮物的那方，感覺很不對勁。對他們來說，他們永遠都應該扮演給予的角色。不像我媽跟她的遊輪之旅，當我們送我的公婆到義大利慶祝結婚四十週年時，他們迫不及待要回報我們。他們拒絕我們要協助他們的每個舉動，不是因為驕傲自大，而是因為他們的倫理觀。他們認為父母從孩子那裡拿取，是逾越尺度的行為。反之，他們任由自己孩子的擺佈，永遠覺得要對孩子的幸福負責。

只有在我的幸福會帶來媽的幸福時，我媽才會把我的幸福擺在前面。那就是為什麼，當我試著要用我的不快樂當成威脅她的武器時，從來就起不了效果。讓我媽有罪惡感，這招永遠都不管用。要記得，根據孝道的信條，只有孩子確保父母得到幸福，那個孩子才能達到真正的幸福跟啟發。而依照我媽經過客製化的孝道信條，她孩子的幸福只是在確保她自己幸福之後的紅利。畢竟，是她自己掙來的：**我把妳帶到這個世界上，讓妳有機會上學，讓妳有機會享受美食，讓妳有機會交朋友。妳有多麼幸運啊！比起市場裡蔡老太太的小孩，妳的運氣好太多了吧？我小的時候，她的小孩只能吃別人剩下的雞肉渣，他們不會讀也不會寫。妳沒有變成蔡老太太的小孩，妳為什麼還不感謝我？妳為什麼不謝謝我把生命給妳？我給妳這麼美好的人生，我給了妳最棒的人生，讓妳擁有最棒的人生，但是妳謝過我沒有？妳有最棒的人生，這就是妳向我道謝的方式嗎？妳擁有生命，妳竟然用這種方式向我道謝？**

於是我當晚半夜一點就回家了。你怎麼爭得過她那套說法？即使我不認為她給了我最棒的人生，但她確實把生命給了我——這是最基本也是最重要的贈禮。藉由給予我生命，她就有資格得到回報。先是聽話順從……然後是白花花的現金，或是珠寶，或是遊輪之旅。

妳這輩子都會感謝我

我第一次為了媽花錢，是買一對大圓圈金耳環。當時我十二歲，父母已經離婚了。他們在我七歲生日以前分道揚鑣，媽搬回香港再婚，把我留給父親照顧。我耶誕節、春假跟暑假的時候都會去探訪她。

那年，她回加拿大參加友人的婚禮，我們跟幾個親戚在購物中心買結婚禮物。當時我才剛開始對打扮產生興趣，想買件完全不實穿的昂貴洋裝。她不肯幫我買，於是我跟她說，我想用自己的「利是」跟生日禮金來買。她還是不肯，因為她說那樣亂用自己的儲蓄很傻。當著別人的面被拒絕，讓我怒火中燒又難為情。我跟她說，她沒有權利告訴我該做什麼，因為她拋下我跟別的男人跑了。我等了六年好不容易才有機會這樣突襲她。

父母離異之後，我吃了不少苦頭。起初，媽離開以後，都會定期打電話給我，而每隔幾個月，就會從香港寄來裝滿玩具跟衣物的大箱子。我得等一年，才能再見到她，因此在那段空檔裡，我在我們家的裡裡外外都感覺得到她的缺席。我當時的年紀，是父母積極參與孩子學校生活的時候，學校會舉行親師會議、演奏會跟耶誕音樂會。其他孩子一直都有兩個人在等他們，雖然有幾個小孩的父母也離婚了，跟我一樣，可是來學校接他們的都是母親。那時，也就是一九八〇年代早期，社會上普遍都假設小孩擁有雙親，假單上總是列著「父母」的字眼，而從來沒有現今越來越普遍的「家長或監護人」這種措辭。如果出於任何原因而特別指明家長之一，指的往往都是母親。像是「妳今天晚上回家後，要提醒媽媽明天是烘焙日，是慈善活動要用的。請她在替你打包午餐的時候，多放一塊餅乾進去。」爸屬於當時出現的第一波單親父親。現在可以把他想成是開路先鋒，酷是很酷，但是當時只會讓我跟別人更不一樣。我是班上唯一的華人女生，而班上的女生當中，家裡只有爸爸的，又只有我一人。

可是，身兼父職跟母職的那些年間，即使爸覺得很不自在，也沒表現出來。他不曾遲到、不曾雜亂無章、總是到場參與；他是個盡責的父親，必須用愛來填補咕咕雞留下的缺口。

所以那天在購物中心，媽不肯讓我買洋裝的時候，我會發那頓脾氣，部分原因出於青春期的憤恨之情，還有加上對家長的偏愛。直到那個時候，我的輸誠對象都是爸，能夠傷害她，感覺起來很不錯。

媽瞇起眼睛。難得這麼一回，咕咕雞沒有咕咕大叫。當咕咕雞不叫的時候，她要不是就快斷氣，不然你就知道你麻煩大了。我的其他家族成員都自動消失了。媽驟然轉身，知道我會跟上去。她帶我去一家咖啡館，點了杯咖啡，問我要不要也來一杯。我說要，這樣感覺很大人。確實，我們有了一場非常成人的對話。媽決定把她跟爸之間的關係史，還有她離開他的理由都告訴我。

媽十年級的時候，為了養家而輟學了。在沒有正規的教育之下，她能從事的行業相當有限。起初，她到賽馬場替人下注並收取小費當作收入。當地貿易商會到賭場去消磨時間，她跟他們建立起關係之後，就在檯面底下替他們工作，安排裝貨單跟船期，將西方的貨物透過黑市運進中國。後來，她在房地產公司找到工作，專門販售海外資產，佣金豐厚。她開著BMW逍遙來去、在九龍採買服飾、在亞洲四處旅行，每週還有足夠的錢可以寄回家。

媽是正在發光發熱的單身女郎，而爸只是才剛剛起步的小伙子。他是來自荃灣的窮苦農家男孩，荃灣這個小鎮距離元朗有半小時左右的路程。他在十個孩子中排行老六，個性害羞又單純。他童年跟少年時期的導師是個和尚，和尚教導他佛經，讓他理解努力工作跟不屈不撓的價值。他曾經考慮要進入佛門。但在認識了媽之後，一切都為之改變。

爸當時在元朗的法院擔任書記，他的上司賴先生（最後變成我的乾爹）看出了他的潛力，打算安排他升遷。賴先生跟太太是咕咕雞的好友，平日都會一起打麻將，而媽偶爾會到法院去拜訪賴先生。她會開著ＢＭＷ過去，昂首闊步穿過辦公室，彷彿那裡是她的天下。她咕咕宣告自己的到來，彷彿眾人都該因為她的大駕光臨而拋下手邊的工作。爸立刻為她痴迷。或者，她的說法是，「妳老爸連作夢都沒想到，會認識我這麼不可思議的人。」既然爸沒勇氣約她出去，賴先生就一直幫忙撮合他們。媽把這件事當成行善的機會，將僅此一次的善意賜給戴著眼鏡、書呆子打扮的鄉巴佬。第一次約會之後，她就不肯再跟他出去了。咕咕雞的社交生活很活躍，她冰雪聰明、人脈廣闊，既受歡迎也懂得打扮。家庭風波不斷的那些年過去了，家裡的狀況終於穩定下來。她充滿了機會，她有很多計畫。而爸是徹底的書呆子——羞赧又彆扭，不僅打扮傻氣，儀態也很鄉土。「你老爸只知道怎麼吃雞！只有雞肉配飯！我的內衣比他整個衣櫃的東西加起來還貴。」他融不進她的世界。

可是他就是不肯打退堂鼓。於是，有天晚上他站在她窗外的對街，好讓她看到他，一路從晚餐站到隔日早晨，只是為了展現他的熱情。人們路過，頻頻嘲笑他。他看起來很可悲——為了和他不登對的女生而傷心憔悴的怪咖，看不懂暗示、搞不清楚狀況的窩囊廢，簡直就是一部約翰休斯⑮電影。但是這招起了作用，爸終於突破了她的心防，讓媽覺得自己好像是全世界唯一重要的女人，彷彿她值得大家競相追求。他們在她雙親的反對之下陷入愛河。當時，她父母已經順勢漂白了自己的人生，不再酗酒買醉，也不再拈花惹草。她父親是個公車司機，她母親在家裡照顧媽的弟弟妹妹，基本上就表示成天在家打麻將，而媽負責撫養他們並支付家庭開銷，她父母也很享受她的慷慨大方。她飛黃騰達，讓他們顏面有光，所以他們希望她可以結交有錢的生意人，這樣到時也能夠金援他們。所以，當他們發現她竟然跟打扮糟糕、沒有車子的鄉巴佬交往的時候，相當失望。他們認為爸高攀不上她、高攀不上**他們**。

可是媽相信爸的資質。她知道他很頑強也很勤奮，還鼓勵他到夜校進修，在政府的雇用系統裡力爭上游。他們認識一年之後結了婚，搬進位於好地段的一間樸實但舒適的公寓。他們年輕興奮，而他的事業前景看好。他的收入夠多，媽不用再繼續工作，她從沒這麼快樂過。

接著家庭義務卻造成了干擾妨礙。爸的大姊蘇是他們十個手足裡的老三，隨著先生移民到加拿大。他的手足能在香港發展的機會少之又少，其中有好幾位都想跟隨蘇的腳步，到海外建立自己的未來。蘇帶著三個孩子在多倫多安定下來後，準備幫忙其他的家庭成員辦理移民。照我媽的說法是，即使我父母對於留在香港根本毫無怨言，但爸是蘇最喜歡的弟弟，她希望他最先出國去。我父母的社經地位都比爸原生家庭裡的其他人來得好，並不打算移居他方。媽生活過得逍遙自在。爸去上班的時候，她就跟朋友去吃港式飲茶，然後打麻將打到晚餐之前。他們當時還有個管家。每逢週末，兩人就會前往大嶼山或澳門共度浪漫時光，這兩個地方只要搭短程渡輪就到得了。爸找到了自己的公主，而她帶著他去享受他從沒料到自己能夠體驗

⓯約翰・休斯（John Hughes，一九五〇～二〇〇九）美國電影導演與編劇，以青少年主題的電影聞名。

的事物。媽終於找到自己可以完全信賴的人，而他現在是她的家人了。可是媽宣稱說，當時爸的原生家庭（就是雷家）相信，爸要是拒絕了蘇的提議，會讓蘇感到受挫，之後可能將不大願意幫忙其他的兄弟姊妹。爸覺得壓力很大，認為非得追隨蘇到加拿大去不可，媽也沒表示反對。在那個世代裡，女人總是嫁雞隨雞，緊跟丈夫的腳步。況且，媽當時對家裡也沒有財務上的貢獻。最後，我父母做了對家族其他人來說最好的決定：打包行囊、移居加拿大，在新國度裡白手起家。「我當時才二十一歲。」媽在咖啡店裡告訴我，依然攪著早已冷卻的咖啡，湯匙掐在她修長的紅指甲之間旋繞不停。

媽從百般受寵的家庭主婦，到加拿大變成了身兼雙職的人。突然間，她在餐廳刷起了碗盤，指甲有了裂痕也變軟了，一邊拚命想要聽懂英文。吃港式飲茶的時候，不再有人領她去坐上好的桌位，下午也沒麻將可打，雜貨店裡沒人認識她。她除了工作跟回家，無處可去，最後甚至又多兼了份當服務生的差事。

可是她以前就有重新塑造自己的經驗。她是曾經從強暴灰燼中飛騰而起的浴火鳳凰，而她有如鳳凰的特質在這裡也同樣起了作用。就像在新國度裡因為新文化而大受震撼的眾多移民，她的適應能力也很好，她學會怎麼換到馬路的另一邊行駛⑯，也忙著在多倫多當地的華人社群裡創造新的朋友圈，麻將就是團結他們的力量（媽有麻將雷達，可以在方圓十五個街廓的範圍裡，嗅出麻將牌友）。她會跟朋友一起去採買北美的商品，然後寄回香港，也會寫信給朋友跟家人，提到她新穎又徹底現代化的加拿大生活風格。咕咕雞佔領了加拿大！她永遠報喜不報憂，不管現實生活有多麼艱辛，都不能讓家鄉的人知道。在老家，咕咕雞的神話完好無缺。

我父母抵達多倫多之後，過了兩年我就出生了。媽說她知道我會是個大嬰兒，因為某天她在吃一碗櫻桃的時候，感覺到一組新的妊娠紋正蔓延橫越她的肚皮。「打從一開始，若芬總是想要更多，」只要大家問起我當初是個多大的寶寶時，她就喜歡再三複述，「她害我的肚子變得好醜。」

⑯香港受英國影響，開車靠左，加拿大則是靠右。

媽在牛年的凌晨一點二十三分生下了我。媽說：「凌晨一點的時候，牛通常在幹嘛？睡覺，對吧？」多倫多的時間比香港晚十二個鐘頭，要是我在香港出生，就會是在中午，而那個時間，牛通常就在田野裡辛勤工作。媽再次藉機邀功，說她給了我輕鬆的人生，彷彿我會在夜半出生是她親手策劃出來的。

在這段時間裡，爸的其他家人開始在加拿大安頓下來。他的父母隨著最後一批家人抵達，他們是在我出生不久之後過來的。媽回想，當時他們開了場家庭會議，要決定我祖父母的去處。人人都在找藉口，說在拿到永久居留權以前都不方便收留祖父母。最後，責任落到了我父母身上，他們搬出了舒適的公寓，買了更大的房子以便容納長輩——又是孝道起了作用，媽相信他倆有責任收留兩老。

於是媽在我才幾個月大的時候，就回去工作了。到了那時，她在五金行做全職的工作，然後開車到市中心的旅館去當服務生。她會把我留在我爸的父母身邊，等她回家的時候，我早就睡了。購買那棟新房子展現了他們的野心，爸必須延後自己的進修，先到電腦公司的會計部湊足工時，才有辦法準時支付房貸。他的人生規劃為了原生家庭的要求而時時改弦易轍，讓他備感挫折。是媽替他們的決定找台階下，是媽拒絕沉溺在憤恨情緒，堅持把心思集中在目標上。她發現自己又站上了熟悉的位置——重蹈少女時期的覆轍，當時她必須照料每個人，卻覺得沒人感激她。

原來她很容易被人當成標靶。咕咕雞就是咕咕雞：嗓門大、坦率又誠實。她不像雷家其他的媳婦跟女兒，在男人霸佔中心的同時，被驅逐到房間的角落裡，咕咕雞也屬於中心。可是，媽的行為跟溝通風格讓雷家人心生畏懼。媽晚一步才意識到，原來他們一家都缺乏自信，覺得受到她的威脅。他們把她的音量誤解為傲慢，他們因為缺乏安全感，所以看不出媽的出發點向來是善意的，他們就是沒辦法克服她的嗓門——還有指甲。

有天晚上，媽下班之後又累又餓，卻被叫進了客廳，被迫面對我叔叔的指控。我的祖父母平日不得不看顧我，早已積了滿肚子怨氣，而且認為媽不夠感謝他們。在她自己的家裡，在她咬牙支付貸款的房子裡，在她買下來好讓公婆住得舒適的房子裡——即使那表示很多時候都無法陪在我（她的獨生孩子）身邊，他們竟然命令她跪下來道歉。起初，媽拒絕了。可是沒人替她撐腰，就因為爸無力採取行動，他認為自己能力不足而覺得羞愧，同時也克服不了自己的不安全感跟軟弱個性（他跟他的親屬都有這樣的特質）。那時候的他，是個無法挺身捍衛自己妻子的男人。他躲在地下室猛抽菸，一面痛恨自己，卻又因為恐懼而動彈不得。在放眼不見盟友、無人替她撐腰的情況下，咕咕雞別無選擇，只好跪了下來。爸的無所作為，讓媽無力可施。這是她這一生裡，第二次遭到家人背叛。

在那之後，我父母的婚姻逐漸走下坡。接下來的六年期間，咕咕雞被迫噤聲不語。直到某天晚上，跟爸大吵一架之後，她意識到自己必須再浴火一次。鳳凰正要蛻變。她已把一切獻給了他的家人，自己一無所剩，連我都不屬於她。她忿忿難平，不快樂到絕望的地步，直到身體健康開始亮起紅燈。她既沒有存款，也毫無前景可言。她不可能把我帶走，她覺得自己別無選擇，只能將我留下，隻身返回香港。她不想攪亂我生活，更不想影響我在加拿大更好的發展機會。這個決定讓人心碎、苦不堪言，不只因為她必須暫時放手讓我走，也因為在歷經那麼多風波之後，她依然深愛著爸，可是情勢已經走到了無以為繼的地步。她離開的那天跟爸說了兩件事：「如果你敢傷害我們的女兒，我就跟你沒完沒了。」還有，「如果你出人頭地，我就會回到你身邊。」

然後她就拂袖而去了。

我跟爸正在適應沒有媽的生活時，媽也在香港重建自己的生活。她跟爸正式離婚之後，隔年就開始跟我的繼父約會。他為人善良慷慨，並且向她承諾，他也會供應我的生活所需。她掙扎了多年，受到我父親家人的羞辱，並且一肩扛起自己原生家庭的醜聞。經過這些風風雨雨之後，她終於能過點舒服自在的生活。她一安頓下來，就要我過去找她。大家事先就說好，學年期間，我就跟爸住在加拿大，但是所有的節日，我都要跟媽、繼父在香港一起過——耶誕節兩個星期、春假兩個星期，還有整個暑假。我的繼父對我就像對她一樣，仁慈又慷慨，他信守了自己的承諾。

「對於剛剛的指控，妳現在有什麼想法？」媽講完故事的時候問我。「如果妳想說，我跟別的男人跑了，妳想我是為了誰才這樣的？」

那天在咖啡館裡跟她隔桌對坐，聽著媽把她種種決定背後的道理，以及她在做出這些決定之前的自我犧牲，向我娓娓道來，我終於明白她是**為了**我才離開的。她一離開，我父親因為必須為我負責，而成了更有責任感的人。他必須獨力撫養我，因此成了他非得出人頭地不可的動力，而他也真的實現了。我也明白，最終，爸本人以及他的成就，都讓我媽引以為傲。

「我什麼都不後悔。」媽下了結語。就是因為她做了那些事情，所以我才有更好的發展。

接著她把自己的咖啡喝完，去找先前結伴來購物中心的幾位成員，留下我去思考自己剛剛獲知的真相。她把自己的出場弄得相當戲劇化。她平日就習慣把手錶鬆垮的套在手腕上，所以永遠都得搖晃它，讓它回到正確的位置。這一次，當她起身離開座位的時候，她把手錶搖得特別起勁，手指往外撐開，加上那些紅色指甲的長度，使得她的雙手更加修長；接著她把頭髮往後一甩，裝腔作勢地邁出咖啡館，非常老派的好萊塢風格。回顧當時，那就像一場她早已排練多時的表演。那一刻，我覺得好過意不去，我知道我搞砸了。不過，於此同時，我也覺得自己好像頭一次認識媽似的。那是我頭一次感覺心頭湧出真實又成熟的愛意——不是對照料你吃飯喝水基本需求的媽咪，所感到的親暱之愛，而是對向你展現如何當個真實的人的母親，所感到的那種深刻之愛。這種愛，唯獨當事人母女才能體會，而這兩人過去一向彼此相連，未來也將永遠如此下去。當時我並未意識到，但我現在可以告訴你，那是一顆覺知的種子：就是深深領悟到，我這輩子的各種人際關係裡，跟我媽之間的關係會是最了不起，也是最重要的，而我想要為了這份關係向她致謝。

我去了趟珠寶店，花掉了原本想拿來買洋裝的錢，我只買得起大圓圈金耳環。我選金子，因為那是她的最愛。然後我去找她，她正跟其他成員在購物中心出口等候。我在大家面前把禮物呈獻給她，我為了自己的行為致歉，然後告訴她，為了彌補我糟糕的態度跟恐怖的控訴，我希望她收下這副耳環。她把耳環從我的掌心拿起來，用紅指甲慢條斯理又鄭重其事地將鉤子打開，然後將耳環分別戴在兩邊耳垂上。

「妳喜歡嗎？」我問她。

「那**妳**喜歡嗎？」她反問我。

我說我喜歡。然後她就說：「很好。我喜不喜歡倒是無所謂，妳喜歡才比較重要。妳喜歡，並且記得妳感謝我的時刻，才是最重要的。妳這輩子都會感謝我的。」

我跟我先生亞賽克決定不要生孩子，這並不是我們一貫的想法。婚後，我們總是假設自然而然就會有孩子，主要因為這就是普遍的風氣。後來我大伯請我幫忙看顧他的三個孩子（兩男一女），他們當時分別是五歲、三歲跟不到一歲。那天午後簡直就像天崩地裂，而且還發生了浴室意外。孩子的需求如此繁多，並總是不屈不撓地索求。我回到家的時候，整個人都累到虛脫了，而且才三個小時而已！於是我倆開始捫心自問——你們真的想當父母嗎？我真的想當母親嗎？

我逐漸接受自己不想當母親的這個念頭，原因「很表面」——時間、犧牲、事業、想在不用替小孩操心的情況下出門旅遊、享有賴床的自由、想把錢花在自己身上，現在我已經走到了即使改變心意（我並沒有）也無力回天的年紀。

我對這點毫無疑問。媽也沒有。咕咕雞從來就沒催著我們討孫子，她並不想要孫子。說得明確點，她不想要孫子的原因是，她不希望我們勞煩她照顧。

因此，我永遠都收割不到孝道的獎賞，我永遠不會有個需要報答我的孩子。我永遠不會有個女兒，某天她會說我倆的關係，是她這生中最了不起也最重要的；我永遠不會有個孩子，他有責任讓我得到幸福，或者說，他能得到幸福的前提是讓我先得到幸福。就因為孝道在我身上起了效用，就因為我媽的幸福，就是我這生中最大的幸福。如果她實現幸福的手段是自私的，那麼它教導我的是無私。而讓我感到最幸福的地方就是，我的幸福並非單一的。它並不是我個人的，而是我與她共享的，是我虧欠她的，幸福是屬於她的。而那樣，亦已足矣。

生塊叉燒好過生妳

媽打從一開始就知道，必須使出鐵血手腕對我嚴加控管，這是我父親的和尚師父交代她的。爸的師父，是個真正的佛教僧侶。他過著貧苦的生活，在凋蔽的寺廟裡禱告，地點就在爸老家村落的外頭。爸十三歲時，每天上學都會路過師父那裡。爸跟其他男孩不一樣，從來不會對那個和尚使壞，更不會嘲笑他渾身髒兮兮；街上相遇，也不會誇張故作閃避的模樣。

他們頭一次交談時，正下著傾盆大雨。爸放學走路回家，衣服都濕透了，和尚便邀請他到自己破敗的小屋裡避雨。我父親向來都很內向，他在九位兄弟姊妹之間，就是安靜勤學的那個。爸很喜歡跟和尚相處時所體驗到的寧靜，他很欣賞和尚能跟靜默與孤獨和平共處。於是，他開始在每天放學回家的時候，到和尚那裡走動。他們兩人很少交談，往往都是透過沉默來互通心意。後來，和尚向爸解釋說，能夠在沉默當中覺得自在，就是邁向悟道之路的基本佛教守則。那位和尚成為爸的佛教導師，而且如同我先前提過的，爸在認識媽之前曾經認真考慮要剃度為僧。雖然媽最後轉變了爸的人生方向，不過爸對和尚師父還是忠心耿耿，儘可能向對方請教重要的事情。媽尊重爸跟師父之間的關係，這一點讓他跟很多同輩的青年大相逕庭，她形容同輩的青年是「花花弗弗」⑰，意思就是太老練、太油滑，全都是些花心蘿蔔的意思。而爸沒有一絲花花公子的氣息，他寧可在師父的小棚屋裡晃晃，也不要上酒吧去。我父母最大的遺憾之一，就是移居加拿大而無法跟師父固定保持聯繫。

我父母頭一次把我帶回香港的時候，我才幾個月大。爸想把我帶到師父那裡，請對方為我祈福。師父接過裹在毛毯裡的我，將我擁入懷裡。媽記得當時他跟我都靜

⑰廣東話，花弗表示花俏、愛打扮或是用情不專，強調時會用疊字。

定不動，他一把手搭在我的頭上，我就不再蠢動不停。他維持那個姿勢半晌之後，請爸替他拿墨水跟捲軸過來。師父寫下四個字：

嚴加管教（**嚴格的家庭管束教導**）

在中文裡，我們不用「to」、「by」跟「at」這類的連綴字。傳統的書寫文字很精簡，只有名詞跟動詞，但會藉由文字順序來呈現清楚的意涵。「嚴加管教」的意思是，源自紀律跟控制的恰當指導。師父想告訴我爸媽的是，他們必須對我相當嚴格，對我施加嚴密又持續的管控，才能讓我留在正途上。

媽非常看重師父的忠告。一旦懷疑自己的教養策略，擔心自己太嚴苛，她就會抽出師父的捲軸，以增強她的決心。為了讓我待在正軌，她會對我非常嚴格，而且是用羞辱的方式來達到目的。

媽頭一次公開羞辱我，是在我九歲的時候。那是個平凡無奇的夏日傍晚，我們在香港、我外婆的麻將館裡。每星期有三、四次，媽跟我在吃完港式飲茶（午餐左右的時間）之後，就會到外婆家去打幾圈麻將。在那裡，我會花好幾個小時的時間看著媽，記下她的舉止儀態——她用紅色長指甲重排並堆疊麻將，如果她正好在抽菸，就只用單手——然後觀賞古裝武俠劇，將劇情熟背下來。那些武俠都是連續劇系列，週一到週五的每晚都在黃金時段播出。那年，我徹底迷上了《射鵰英雄傳》。我是百分之百的小小女粉絲。

《射鵰英雄傳》的女主角是個叫翁美玲⑱的女演員，她飾演了黃蓉這個偶像角色。這齣電視連續劇改編自熱門的武俠小說，背景設在中國宋朝，描寫了一對年輕男女（黃蓉跟郭靖）的冒險旅程。黃蓉跟中國傳統民間故事所描繪的典型女性都不同。首先，她聰明伶俐，是所有中國文學裡最聰穎過人的心靈之一。她總是能夠智取所有的男性，而且很有個性；她會反駁回嘴，不准任何人欺侮她。一眼就能看

⑱翁美玲（Barbara，一九五九～一九八五），一九八〇年代初期的香港知名女演員。

出，她真的很漂亮。她一襲精美的傳統長袍，髮型也棒極了，總是先編成漂亮的髮辮，再整理成複雜的環圈跟尾辮，俏麗地垂在臉龐周圍。翁美玲所飾演的黃蓉，臉部表情非常豐富。翁的雙眼靈動淘氣，笑容早熟，演出這個角色時，將這些五官特徵發揮到淋漓盡致。她的兩顆兔寶寶門牙有點兒歪，讓嘴巴有點咬合不正，卻只是更增添她的丰采。翁是當時香港最知名的女演員，連媽都覺得她的魅力難擋。她總是說翁美玲非常「生猛」，這個用語是在形容非常活躍、從不停息的人。「生」字面意思就是「活著」，「猛」指的是「強韌」。而翁美玲朝氣蓬勃又強韌，當時我們是這麼認為的。

每看完一集《射鵰英雄傳》，我就會假裝自己是黃蓉，模仿她的動作，將劇情重演一遍。那天晚上，黃蓉成為臨時的丐幫首領。她的師父老乞丐洪七公，才是丐幫的正牌首領，但是被人下了毒，必須避居他處幾個月，讓自己及時復原，以便參加華山論劍。華山論劍是《射鵰英雄傳》劇情的高潮，贏家就會被宣告是當今武功最高強的人。眾人皆認為，黃蓉的師父是四個最被看好的參賽者裡，勝出機會最大的。為了能夠發揮全部實力來參賽，他必須前往其他地方休養；上路之前，洪七公宣布，在他缺席的期間，就由黃蓉暫代丐幫幫主。唯一的問題是，他的專屬武器綠玉杖，被卑鄙的楊康給偷了。洪七公要黃蓉負責動員整個丐幫來對付楊康，將綠玉杖搶回來。不過，黃蓉為了證明自己是老乞丐洪七公的真正門徒，也是綠玉杖的合法繼承人，她必須示範自己懂得怎麼操使綠玉杖。搭配綠玉杖的那套專門功夫叫做「打狗棒法」，那一系列的招數會把敵人打得像是落水狗。

我的綠玉杖就是一把尺，我用那把尺來擊潰散佈在我外婆客廳裡的想像狗群。客廳當時放了三張麻將桌，每桌坐了四人，空間相當擁擠侷促。我拿著尺在空中比劃揮砍，先擊中想像敵手的腦袋，再飛身將對方踢倒在地；我快速旋身，攔截即將命中我頸背的一拳，一手用尺擋開，另一手掌摑那個暴徒兩下，黃蓉剛剛才在電視上神氣活現地做了這個動作。接著我匆匆轉向右邊，以體操選手的優雅往前撲襲，擊中我下一位敵手的喉嚨，正中他的喉結……而那裡恰好是媽的大腿。她正好要拿起下一張牌，恰好也是可以讓她叫胡的一張牌。因為我剛剛把她的腿當成狗一樣用綠玉杖戳刺，結果那張牌掉出了她的手，從桌面滾落下來，害得麻將散落一地，整盤毀於一旦，使她失去贏得大筆賭金的機會。

噢，幹。

沒時間可逃了。反正即使有時間，我也逃不了。咕咕雞的雙眼具有功夫般的威力，可以讓標靶全身麻痺而動彈不得。那雙眼睛可以同時撐大又瞇小，上小下大、兩側拉長，就像華人版本的雙倍塞克洛斯⑲，能夠自由變換形狀。好嚇人。而那還只是咕咕破口大罵的前奏。即使我長大成人，都不曾像當時那樣嚇到六神無主。舉凡是高空彈跳、公開演說或在納斯卡⑳賽車跑道上以兩百英里的時速狂飆——我都不曾像在咕咕雞忙著打麻將、用尺戳到她的那晚那麼驚恐。

媽狠狠瞪著我，我手裡還握著早已變回單薄短尺的綠玉杖，身子越縮越小，知道自己剛剛害她丟失了贏錢的機會。她就是在這時候說出那番話的，是我在童年期間，只要讓她失望，她就會反覆端出來的宣言：「生塊叉燒好過生妳！叉燒雖然放不久，可是至少好吃又不會惹麻煩。我為什麼會生下那種只會給我惹麻煩的東西?!」我覺得尷尬又丟臉。基本上她是跟整個房間的麻將牌友說——我的價值連一塊叉燒肉都不如。

媽因為翁美玲而羞辱我，而那還不是唯一的一次。在短尺事件過後幾年，我開始戴牙齒矯正器。我的門牙跟其他的上排牙齒無法對齊，而且有點歪歪的……就跟翁美玲有點像。即使在《射鵰英雄傳》播映完畢之後，翁美玲依然是我的偶像。可是一九八五年五月十四日，翁美玲卻自殺了。根據報紙的報導，謠言紛飛，傳聞她男友可能有了第三者，她為了男友而心碎，於是打開自己公寓的瓦斯，最後死於一氧化碳中毒。

翁美玲當時二十六歲，紅透半邊天。為了她的葬禮，香港簡直整個嘎然停擺。我那時十一歲，在加拿大的電視上看了相關新聞報導。只要華人超市買得到的紀念雜

⓳塞克洛斯（Cyclops），希臘神話裡的獨眼巨人。此處說的雙倍，指的是咕咕雞的兩隻眼睛。
⓴納斯卡（NASCAR），「美國全國運動汽車競賽協會」的簡稱，為美國最受歡迎的競速運動。

誌，我都要爸買回來。我穿著中國傳統長袍去上學，我心灰意冷，最後決定要用自己的牙齒來向翁美玲致敬，我們可以當永遠的牙齒雙胞胎。我就是要那樣紀念她：我把牙齒矯正器扔進垃圾桶，直到垃圾被收走之後才跟爸講。

爸火冒三丈。牙齒矯正器很貴。而且就移民者的心態來看，是種大逆不道的行為——竟然將功能完美無缺的東西給扔出去……只是因為感情用事！可是他並沒有懲罰我，而是決定等一個月之後，我學校放假到香港看媽的時候，由我自己親口告訴她。那一年，我求爸別送我去香港。我很清楚，媽要是知道牙齒矯正器的事，絕對不會輕易饒過我，但是爸理都不理我。前往機場的路上，我悶悶不樂、放肆無禮。在機場通關之前，才給他一個氣鼓鼓的擁抱。當我回頭一看，他正咧嘴笑著。

一如既往，媽在香港啟德機場的接機區等候我；也一如往常，我馬上就注意到她了。怎麼都不可能錯過她的。她一見到我，就開始咕咕叫，一方面是要引起我的注意力，另一方面是要別人注意她。她看起來心情不賴，我想也許我可以成功過關，不用馬上提到牙齒矯正器的事。結果發現根本不可能，她馬上問起矯正器。

「為什麼妳的牙齒還歪歪的？妳的矯正器呢？」

我別無選擇，只好告訴她。我盡可能簡單扼要，矯正器「算是」不小心掉進垃圾桶的。媽想知道細節，於是我試著佯稱戴起來不舒服，還有（或者）已經起不了作用了。我的態度越是閃躲，就害自己的處境更加艱難。媽疑神疑鬼了起來。我不誠實的時候，她總是察覺得到。

「妳不用跟我講實話。不過，現在給妳一個機會，妳可以用妳想要的方式告訴我。」

媽從來不需要詳述「要不然……」的那個部分，我就已經滔滔脫口而出。我替翁美玲哀悼，我想用自己的牙齒來鞏固對她的記憶，也說了自己想**成為**翁美玲的這份執迷，即使只有嘴巴的部分像也好。就快懺悔完畢的時候，我露出了不服氣的神態。我跟媽說，這是**我的**牙齒，這是**我的**嘴巴，這是**我的**臉，我想幹嘛就可以幹嘛。我說她不能逼我再戴一副矯正器，我就是拒絕。

媽的反應：「隨妳便，跟那副牙齒過一輩子的是妳自己。」接著她笑了又笑，笑個不停。她從機場一路笑回家，停都停不下來。她這種笑法只是把我惹得更火大，也更害怕。

我把行李放下、整理儀容之後，我們就出門去跟媽的家人碰面吃晚飯。除了外公外婆、阿姨跟舅舅以及他們的先生跟太太，還有幾位年紀比我小的表弟表妹。媽等上了第一道菜才開口。

「你們大家有沒有注意到，若芬的牙齒有什麼特別的地方？大家快看看若芬的牙齒。若芬，讓外婆看看妳的牙齒。妳看到她的牙齒了嗎？妳知道她的牙齒為什麼那個樣子嗎？若芬，跟大家說說妳牙齒的事。」

她跟他們講我牙齒的事。她跟他們說，我為了紀念翁美玲，犧牲了那副昂貴的矯正器。她告訴他們，我是如何保存翁美玲的記憶。她告訴他們，翁美玲是我的牙齒偶像。她嗓門好大，講得鉅細靡遺，還重複個不停。故事快講完的時候，其他人也跟著哈哈大笑。

隔天重演同樣的情況，我們跟賴叔叔、賴嬸嬸一起吃港式飲茶。賴嬸嬸是我的乾媽，她跟她先生有三個孩子，而她的么子彼得是我媽的乾兒子。彼得大我一歲，他姊姊珊卓比他長四歲，他們的大哥湯瑪斯是我頭一個暗戀的對象，又比她大一歲。我向來就是這群孩子裡最小的，所以彼得總是故意嘲笑我，來引起哥哥姊姊的注意；而我總是拚命想引起他們三人的注意。於是當媽開始講起我矯正器的故事時，我簡直想往地洞裡鑽。我哀求她停下來。想當然爾，她才不肯。她提醒我，我講過什麼話。那是**妳的**牙齒。**妳的**嘴巴。**妳的**臉。**妳的**人生。妳不是想挺身捍衛翁美玲的人生嗎？她整個夏天都在說我矯正器的故事，每一次只要有新的聽眾，我的翁美玲牙齒跟被我拋棄的矯正器，就會成為對話的主題。

重點是，我為了紀念翁美玲而奉獻牙齒的事，比起聽媽跟別人一而再再而三的說明，在我的腦海裡感覺原本崇高得多。老實說，這件事聽起來好蠢。哪種白癡會為了某個過世的女演員而亂搞自己的牙齒？我拋棄矯正器的決定，原本充滿了魅惑力跟戲劇性，但咕咕雞的聲音卻把那種魅惑力跟戲劇性都消除殆盡，暴露出我的行動有多愚蠢。她逼我反覆聆聽那個故事，擊潰當初驅使我拋掉矯正器的青春浪漫情懷，以及我後來在心裡發展出來、替自己行為找台階下的種種理由。而且因為她眼前有聽眾，所以效果就會好很多。那些觀眾不是她為自己找的，那些觀眾是為我而找的。眼前有那些觀眾，就能確保這點：那則故事以及她的親口敘述，每一次都會敲進我的心坎裡。她很清楚，每當有新鮮的耳朵來聽這則故事，並且提出客觀的評斷——我就會明白我先前的行為，是百分之百的腦殘表現。

咕咕雞因為我的矯正器而當眾羞辱我，還有第二種好處。夏天接近尾聲，她送我回家以前，我問她是否會幫我配新的矯正器。她跟我說，她跟爸在電話上討論過了，他們說好不會再帶我回牙醫那裡重配一副。一部分原因在於財務狀況，反正我的牙齒**差不多**都直了；不過，更重要的是，媽說我必須學習承擔自己的行為後果。她警告說，才幾顆歪歪的牙齒，算我好運，既不會造成什麼永遠的損傷，我的人生軌道也不會因此改變。但是，可以作為有效又持久的提醒。每當我張開嘴巴，就會想起自己年少時期那個倉促又糟糕的決定。接著她解釋她為什麼整個夏天，一有機會就不停拿矯正器的事來煩我，而且總是當著別人的面。媽是在替我熱身，準備面對未來的批評：「我批評妳，永遠出自於愛。可是，隨著妳逐漸長大，批評妳的人並不會愛妳。他們會為了傷害妳而批評妳。我是在替妳暖身，準備面對以後來自敵人的批評。」

整個夏天，咕咕雞用言語攻襲擊我、公開羞辱我，時時提醒我所犯下的過錯。她不只教我怎麼跟這個錯誤共處下去，也教我如何適應伴隨錯誤而來的批評。她希望我學會怎麼承擔批評，她是在幫我思索該如何面對，她讓我清楚看到，當自己犯了錯，要怎麼看出自己何時該要認栽，又要如何從中成長並向前邁進；而當我準備好了的時候，又要怎麼利用那個錯誤，使自己變得更加堅強。

這也是為什麼，當我用綠玉杖尺打中她的腿時，她會貶低我，把我拿來跟一塊叉燒肉相比，藉此羞辱我。當然，立即的教訓就是小孩不該毫無責任感，拿著尺在空中亂揮還一面亂跑，可能會讓別人受傷。這個年頭，有多少次你曾經看到小孩把玩著他們不該耍弄的東西，結果弄到最後有人哭哭啼啼？父母自己找台階下，壓低嗓門小聲道歉，跟揮著尺的罪魁禍首講過道理之後，過了五分鐘，小孩又故態復萌。

我呢？我的綠玉杖從此再也不曾出現在外婆家的麻將館。而那天傍晚剩餘的時間，我都乖乖待在母親的腳邊，唱著《射鵰英雄傳》的主題曲，沒有再打翻麻將。那天晚上到最後，我因為表現乖巧而得到獎勵，那桌的每位婦女牌友都賞了我一枚「籌碼」。

不過，你應該可以想像，這種事如果在當今北美洲辣媽舉辦的遊戲團體裡口耳相傳，他們可能會以虐童為名，聯絡兒福機構來對付媽。這個年頭，大家並不認為羞辱是有效的教養方法，因為什麼也比不上羞辱所留下的印象，大家都會記得自己經驗過的羞辱。不過，羞辱是咕咕雞最有效的教養手段之一。孩子會記得他們遭到的羞辱，如果羞辱的起因是他們犯下的過錯，唔，那麼他們很可能不會再犯同樣的錯。那就是我媽的信念。在她的心裡，羞辱是做錯事的後果之一，而且還是做錯事之後，最**微不足道**的後果。那天晚上稍晚，她向我解釋——**今天晚上妳只傷到我，沒有嚴重傷到別人，已經算妳好運了。如果妳傷到別人，就會虧欠對方一輩子，妳就要道歉一輩子，妳永遠都會比對方矮一截。媽只是讓妳難為情而已，算你好運。**

媽媽讓妳難為情，總比妳必須永遠跟譚太太道歉好多了吧！妳本來會虧欠譚太太一輩子的。我的女兒永遠都不用跟那個譚太太道歉！（接著講起了譚太太打牌老愛作弊的插曲）。**被愛妳的人羞辱跟管教，愛妳的人永遠不會拿妳的過錯來攻擊你，總比在妳毫無準備的狀況下，把妳送進這個世界，被那些永遠不會原諒也不會遺忘的旁觀者羞辱妳，還要好吧。**

媽永遠都忘不了稻草人趙女士的兒子。我們在香港的時候，住在有門禁的社區「錦繡花園」裡，稻草人趙女士（她瘦巴巴的，媽就替她取了這個綽號）是媽固定的一位麻將牌友。我十二歲，就是那場矯正器大戲過後的一年，媽跟我的繼父在新開發區買了間房子。那裡的格局就像電影《超完美嬌妻》㉑裡的社區——一模一樣

㉑《超完美嬌妻》（The Stepford Wives），改編自一九七五年的同名小說，描述身為商場強人的女主角，與家人搬進一個小鎮社區，卻在過於完美的生活裡發現事有蹊蹺。

的西式房子，附有車道，街廓用英文字母編碼，街道也各有編號。我們住在街廓J、第四街的三十五號房子。我的乾爹乾媽去年才搬了進去，媽去探訪他們的時候，愛上了那個鄰里，因為讓她聯想到我們以前在加拿大住的地方。她希望我每年夏天來看她的時候，都能夠跳上腳踏車，安全無虞地騎來騎去。我逐漸長大了，她知道我成天跟著她待在打麻將的地方會覺得無聊。錦繡花園內有個鄉村俱樂部，媽加入了會員，我每天下午都會跟其他的麻將孤兒去那裡游泳，我們的母親會從白天持續賭到晚上。晚飯過後，母親們會繼續玩牌，我們就騎著腳踏車到溪谷那裡，吃冰淇淋、聽音樂、玩紙牌，跟社區的其他小鬼調情。就是青春期的純情淘氣行為，可是有個小孩把它拉到了另一個層次。

稻草人趙女士的么子小吉特，是個個性甜美的小子。他本性不壞，但有種狂野不羈的特質，連我們這些調皮搗蛋的小鬼，都覺得他的精力過於旺盛。我們其他人回家的時候，吉特會單獨跑到便利商店附近去放鞭炮。他曾經在麵攤偷魚丸，結果被逮到。錦繡花園主要入口的亭子裡，有安全警衛駐守，他老是辱罵他們、無來由亂按警鈴、或是故意卡住大門讓車子無法出入。不久，他在整個鄰里裡惡名昭彰。而每次只要他闖了禍，他的母親稻草人趙女士就會替他找藉口。

有天晚上，母親們決定要在鄉村俱樂部吃晚飯。那天，我們小孩在游泳池玩了整個下午，家長交代我們換完衣服之後，就到餐廳跟父母會合。我在桌邊坐下的時候，媽問我小吉特到哪去了。我跟她說，我們整天都不見他的蹤影。稻草人趙女士打電話回家，他也不在。她撥給社區警衛，他們也說沒看到他。每個人都擔心了起來。從晚餐開動以來，他已經遲到一個鐘頭。有個麻將牌友阿姨嫁給了警察，她正準備請他發動搜尋時，吉特興高采烈地走進飯廳，原來他跟幾個老同學溜到市區打電玩去了。如果是我的話，媽肯定會毫不猶豫地當著鄉村俱樂部所有會員的面，把我教訓到體無完膚為止。於是我暗想，噢完蛋了，小吉特你倒大楣了喔。

可是，稻草人趙女士只是跟她兒子說，她有多麼擔心他，要他千萬別再這麼做了。接著她請廚房員工幫忙把餐點加熱一下，因為他餓了。咕咕雞很不以為然，她不以為然到試著替稻草人趙女士羞辱小吉特。她痛罵他竟然讓母親承受那麼大的壓力，她教訓他竟然如此不負責任，沒先跟任何人報備說要去哪裡，就等於是陷自己於潛在的險境。整頓晚飯剩餘的時間，她一一清點他的過錯，直到他垂下腦袋、將盤子推開、沒心情吃飯為止。就在那時，稻草人趙女士懇求媽別再說了，還替小吉特辯解，她怪自己白天沒有提供足夠的活動，讓孩子可以投入其中。媽才不吃這一套呢，接著媽向我們其他人宣布，因為小吉特這次的冒險經歷，從現在開始，我們每九十分鐘都要「報到」一次，就是要呈報自己的去向。不管狀況如何、不管我們身在何處，都要呈報自己所在的位置。當時，錦繡花園的腹地滿小的，如果騎腳踏車，只要十分鐘就可以從一端抵達另一端。媽判定，從幾個小時裡撥出十分鐘，不至於破壞我們的興致。我們很不情願地同意了。那就是我這輩子養成報到習慣的開端。既使是現在，不管我在做什麼、不管我人在哪裡，我都會跟媽通報自己的去向。坐上計程車，我會打電話給她；下了計程車，我會打給她。帶狗出門散步，我會撥給她；散步結束之後，我會打給她。我無時無刻都在報到，我從來都不希望媽納悶我去了哪裡。我希望她可以想像我的狀況，我們知道彼此的下落，世界感覺起來才完整。

那晚，我們沒人膽敢要求再出去玩。當然，除了小吉特之外。一等晚餐結束，他就央求他媽讓他出去打籃球。她最後還是放行了。我們散步回家的時候，我聽著媽懇求稻草人趙女士好好管教她兒子。小吉特有顆善良溫柔的心，但是需要有人指引方向，而且他太容易就受人擺佈。稻草人一直堅稱說不要緊，說他是個好孩子，只是需要個人的自由空間。可是媽警告稻草人說，如果現在不好好管束他，以後就會後悔莫及。她事先沒替他立下規範；當他犯錯時，她也沒有點出他的過失，反而讓他毋須內疚，更不用承受羞辱跟出醜；他捅出簍子的時候，想都沒多想一下；長此以往，她等於注定讓他踏上失敗的道路。稻草人沉默不語。她個性不夠堅強，無法管教懲戒自己的孩子。

結果證明咕咕雞說得沒錯。幾個星期之後，未成年的小吉特開著爸媽的車出門兜風，一時失控，車子撞進了操場。隔天在吃港式飲茶的時候，稻草人不把這個事件當一回事，說保險會給付，說男生都很迷車子，說小吉特已經學到教訓。在那之後，媽就不准我跟小吉特玩耍。隔年夏天我回香港時，媽跟我說，小吉特已經開始替黑社會販毒。漸漸地，小吉特捲入越來越重大的犯罪事件，稻草人因為兒子的不法行為而顏面盡失，只好退出那個麻將圈。媽跟朋友們主動向她表示善意，可是到了那時她已無臉見人，她痛怪自己當初太過軟弱，才害小吉特淪落到這個地步。小吉特才二十二歲就死於海洛因吸食過量，在浴缸發現他的就是稻草人。媽打電話來跟我講這件事的時候，我正在上大學。她聽到這件事的時候，非常、非常傷心。

毒品對家庭具有毀滅性的影響，這點媽親眼見識過。她最大的恐懼就是我會嘗試毒品，進而毀掉自己的人生。她的五個弟妹裡面，兩個患有毒癮，而她在元朗的童年友人有不少人也是，就像小吉特，他們整個人生都浪費掉了。她的女兒絕對碰也不能碰毒品。我們在錦繡花園鄉村俱樂部吃甜點的時候，如果那時恰好有人稱讚我——**哇，若芬長得越來越高了。皮膚好漂亮啊**——她就會莫名其妙地提起這件事。

「如果她吸毒，就不會這麼漂亮了。就會跟我妹一樣，滿臉都是毒蟲的痘疤。」

我們到賴叔叔、賴嬸嬸家吃晚餐的時候，他們家完美漂亮又聰明的女兒珊卓帶了排球獎盃回家。媽會先指指珊卓，再指指我，然後無來由地說：「如果妳吸毒，就永遠都沒辦法跟珊卓一樣了。妳會變成百分百的廢物，全身上下都很噁心，沒人會想靠近妳噁心的手。毒蟲的手都醜得要命。」

我都把這種狀況叫做咕咕雞的「預先羞辱」。媽時時刻刻都在預先羞辱我，讓我事先出醜，讓我害怕那種恥辱，於是我永遠都不會笨到自取其辱。媽用「預先羞辱」讓我因為恐懼而遠離毒品，她毫不手軟地將這個觀念敲進我的腦袋裡：毒品會造成我的毀滅。「預先羞辱」有點像是媽個人版本的巴夫洛夫制約反應——要是我將來做了違背她心願的事，到時會淪落到什麼下場，藉此讓我先稍微試嘗一下那種後果的滋味，目的就是要防止我真的去做。當我年紀大到能夠接觸毒品文化的時候，我早已練就一身絲毫不受誘惑的功力。

媽除了用羞辱來增強我對毒品誘惑的免疫力，也用羞辱來建立我的自信心，尤其是我對自己身體的自信。女人時時都因為對身體的自我觀感掙扎不休，我們想要更纖瘦、更有線條、更高或更矮、胸部更豐滿、臀部更豐美，這種掙扎永不止息。我從沒見過有女人像咕咕雞這樣，對自己的外表這麼滿意的。除了生病期間之外，她向來都很欣賞自己的體態。她身材健美的時候，就會開口炫耀；她體重增加的時候，就會加以慶祝。當她坐在沙發上，小腹從長褲褲頭擠出來的時候，她會一手抓起層層肥肉，一面得意大笑，說長在她肚皮上的東西，正好讓她保持皮膚的光滑。「老女人太瘦不好。」她會對我先生說。

當他回答：「媽，妳看起來很棒喔！」她的回答肯定都是：「我看起來一直很棒啊！」

也許那是因為在強暴事件過後，她必須重申對自己身體的所有權；也許因為在經歷過那麼多場健康危機之後，她對那些仍然正常運作的身體部位滿懷感激。不管原因何在，她這種表現並不是虛張聲勢，而是真心認為自己看來一直都很好。不過，我還是少女的時候，她早早就看出來，我對自己的外表很沒安全感。身為在北美洲成長的華人女孩，四周淨是金髮跟棕髮女生，眼眸或藍或綠或棕色，鼻子又長又直，頂著變化多端的波浪或鬈髮，我好希望自己不是「異族」。我很討厭自己的身份，對自己的外表感到羞愧，為了自己的體態覺得慚愧。於是媽藉由羞辱我，讓我別再繼續自我羞辱。這種作法看起來違反直覺，而且跟北美洲兒童心理學家可能推薦給家長、希望藉此建立孩子自尊的那些呵護支持技巧，當然也不一致。不過，中文有句俗諺叫**以毒攻毒**——「用毒藥來對抗毒藥」，也就是西方「以火攻火」的中文版本。媽藉由公開羞辱我，來對抗我對自己身體的恥辱感。

有什麼事情會比頭一次去買胸罩還要更困窘的？當時我十歲，身體起了異狀。我漸漸長出胸部，開始意識到乳頭會透過棉衫顯形。住在對街的金髮女生珍妮佛比我大一歲，已經開始穿胸罩了，而且喜歡炫耀她的肩帶。我決定等到夏天再買胸罩，因為我不希望在學年過一半的時候開始穿。那時我父母已經分開住了，我留在爸的身邊，而媽在香港，我暑假的時候會去看她。我在接機區一跟她會合，她就嚴厲指責我沒站直身子。我跟她說我需要胸罩，而且不想讓別人看到我的身體。她跟我說，如果有人挑我身體的毛病，那是他們的問題，不是我有問題。隔天她就帶我上百貨公司去。

媽立刻走到女銷售員那裡，打聽少女胸罩的事。我緩緩移開腳步，遠遠躲進貼身用品部門的角落，想弄清楚該怎樣用絲襪勒死自己。突然間，彷彿透過擴音系統廣播似的（只是並不是廣播），媽用她那該死的大嗓門叫我過去，而且還故意撂英文，因為媽喜歡在香港炫耀自己有個會講英文的女兒。

「若芬，I幫YOU……找……到……NEW的……胸……罩了。」

每個人都轉過頭來。在那層樓購物的每位客人都知道我需要胸罩，知道我是胸脯出了狀況而必須處理的女生。我衝到媽的身邊、抓住她的手，趕緊把她拉進更衣室，哀求她安靜一點，懇請她不要公開宣揚我剛剛萌芽的胸部以及關於胸罩的需求。我的反應惹得她怒氣衝天，她用英文氣呼呼地發表了這段演說，目的就是為了確定我能以自己平日用來思考的語言，來理解她的話：「妳的身體，這麼自然。胸罩，妳需要，也這麼自然。妳幹嘛為了自然的東西丟臉？妳為什麼要為自己的身體丟臉？如果妳為自己的身體丟臉，就是羞辱自己。妳羞辱自己，每個人也會羞辱妳。」

媽敦促我面對自己的身體跟身體的變化，進而面對青春期的真相。在我青春期的期間，她一次次用羞辱來幫助我接受現實、接納自己真正的模樣。她幫助我**看清**自己真正的樣貌，這樣我就不會再拚命想跟別人一樣了。

八年級結束之後，我頂著染成銅色的頭髮，回香港過暑假。我一直在用某種產品噴頭髮，噴完只要加熱一下，就可以讓髮色變淡。這個產品原本應該可以讓頭髮變成金色，但是既然我的自然髮色是黑的，頂多只能達到橘色的效果。不過，我還是繼續使用下去，這樣只要有人問起，我就可以謊稱我爸媽之一是白人。媽連續羞辱我好幾個星期，就像當初她處理翁美玲跟矯正器的事情一樣。她一直說那是「紅色妓女頭」，因為在夜店工作的妓女總是會染頭髮。不管我們到哪裡去：「妳知道若芬為什麼有紅色妓女頭嗎？因為她以為自己是**鬼妹**（白人女生）！我跟亞蘭德倫㉒

㉒亞蘭．德倫（Alain Delon，一九三五～），法裔瑞士籍男演員。

共度一夜春宵，我們就有這個私生女了！」他們聽了全都哈哈大笑。

回首過去，這種作法當然很侮辱人。媽的無情羞辱讓人很難承受，可是她羞辱我不是為了好玩，她也並非以此為樂。身為在北美洲成長的華人女生，我一直跟自己的文化認同掙扎不休。身為移民者的第一代孩子，我沒有模範可以追隨，我屬於新品種。而咕咕雞是我生命中唯一的華人力量，可以協助我在環境與傳承之間找到平衡。媽羞辱我，如此一來，我就不會因為試著成為自己永遠不可能變成的人，而壓抑身上屬於華人的部分。雖然我永遠當不成北美洲的白人女孩，但我可以當個有華人背景的北美洲女孩。我不再因為自己是個有華人背景的北美洲女孩而覺得丟臉。

這種事要花上好一番功夫才能做到，北美洲的影響力有時大到難以招架。我的青少年時期，周圍都是白人朋友，我身上屬於華人的那一半就像蠟，在我想要融入大家的欲望熱度之下，變得綿軟又可塑。每次我想戴隱形眼鏡讓眼珠子變淡，或是買彩妝粉底挑錯了色號深淺，媽就會及時現身並出言羞辱我——沒錯，但實則是為了提醒我我是誰，是為了重建我的信心。

香港小姐是妓女

在我的記憶中，媽不曾誇讚我美麗。也不是說她曾經說我醜，她偶爾是會說我看起來不錯，甚至漂亮。但我跟媽之間從來沒有電影裡那種母女連心的動人時刻——在電影第三幕的某個時間點，她握著我的手，雙眼淚光閃閃，感情澎湃、話不成聲地呢喃：「**寶貝，妳好美啊。**」

首先呢，我跟媽平常不用那種方式對話。事實上，我們不用那種方式跟任何人講話。媽最痛恨表露情感了——不管在語言或肢體上，她不大能夠接受擁抱——不管是抱人或被抱，也認為肉麻的話很噁心。這有一部份是文化的因素，「我愛你」在中文裡超級、超級彆扭。在我們的語言裡，大家就是不會用那種方式說愛，不會直接說出口就是了。我們可能會說：「我很在乎你」或是「我好喜歡你」，但是實際上要脫口說出「我愛你」這三個字，還滿罕見的。「我愛你」聽起來就是怪，親密到讓人渾身不自在。「我愛你」通常只用於戀人之間，其他關係裡的人一般不用這三個字來互相傳達感情；即使需要，通常也會留待極為罕有的場合才說，而且是在百分之百私密的時候，從來不會拿來當作公開的宣言。

不過，咕咕雞在感情上的克制保留，遠遠超過了中式衿持的標準。她就是不會透過語言或肢體來表達深情，而更喜歡透過行動來表現愛。所以要是她哪天開口說愛我，或是說我好美，我想我會哈哈大笑，要不然就是趕快送她上醫院，因為那就表示她已經精神錯亂了。媽的嘴巴就是不會吐出這些字眼，事實上，媽還講了完全相反的話。

媽最初告訴我，我長得不美，是在我十一歲的時候。想也知道，我們當時是在外婆的麻將館裡。媽打麻將的時候，我就看電視上的香港小姐選美比賽。那時候，香港小姐選美是了不得的大事。一九八〇年代，香港只有兩大電視台。其中，

TVB㉓的收視率最高，勢力也最大。它的資源豐厚，把香港小姐塑造成夏季的重大事件，將比賽的每一回合都分別做成週末特輯，於是整場選美比賽前後延續將近一個月的時間。**每個人**都會看香港小姐，**每個人**都會談起香港小姐，**每個**小女孩都想當香港小姐。

那天是準決賽的日子。那年最被看好的是高麗虹㉔，她的父親是澳洲人、母親是中國人。高麗虹如花似玉，眼距寬闊、滿頭鬈髮，呈現了跟其他競賽者截然不同的美感。整個香港都為她痴迷，我也為她痴迷。我練習模仿她的走路姿勢，我在肩膀上圍了披肩，假裝這是香港小姐勝出並接受后冠時會披戴的斗篷；我用雙手抓緊一把湯杓，想像這就是香港小姐在進行冠軍繞場時，隨身攜帶的鑽石權杖；我對著鏡子練習微笑，希望能達到結合甜美跟（我當時認為的）謎樣的效果。

㉓TVB，「電視廣播有限公司」的簡稱，又稱「無線電視」。

㉔高麗虹（Joyce Mina Godenzi，一九六五～），一九八四年香港小姐冠軍，曾獲香港電影金像獎最佳女配角提名。

之前幾年，我最在意的就是機智問答的段落。我擔心我的母語是英文，也不會讀寫中文，用中文答題時表現會不夠好，可是高麗虹解決了那個問題。麗虹的中文也沒那麼棒，打麻將的阿姨們都說這反倒是個優勢，因為大家都認為在國外長大的參賽者別具異國風情。

那天下午，媽的妹妹要去做頭髮。媽希望我能先離開一下，就叫我跟著她妹一起出去。美容院裡有個美髮師恰好有點空閒，便幫我弄了滿頭的螺旋鬈髮，就像高麗虹那樣（只是有點像啦）。我們回到外婆家的時候，打麻將的阿姨們跟外婆都為之驚豔，紛紛大讚我好漂亮。她們說我這麼漂亮，再過幾年就可以參加香港小姐選美了。這番話讓我高興得要飛起來……但是前後只維持了三十秒鐘。最後咕咕雞說了重話：「妳沒有漂亮到可以當香港小姐，**我自己**本來都可以當香港小姐了，可是香港小姐是妓女。」

沒錯。媽是一等一的美女，我看過照片——因為她老是秀照片給我看。雖然我長得像她，但我有一半像我父親，她也時時提醒我這一點：「可惜妳遺傳到妳爸那邊，身軀結實，腿粗粗壯壯的。」

阿姨們的反應就跟你現在可能有的反應一樣，怎麼可以對小女孩說那種話？讓小女孩作個夢嘛。可是對媽來說，作夢就是問題所在。「作夢？別再往她的腦袋裡塞夢了。你想我辛辛苦苦拉拔女兒長大，是為了讓她變成選美妓女嗎？」

在香港，大多數人都認為香港的演藝界風氣腐敗。很多人相信香港小姐只是演藝工業大咖富佬的女伴，只是經過吹捧美化罷了。隔年榮獲冠軍的人，是大家認為不適合的參賽者（她長相普通、身形矮小），引爆了社會大眾的非議。當選美冠軍跟電視公司的老總裁交往的消息一曝光，眾人的懷疑似乎就得到了證實。

媽跟我說，我永遠都當不成香港小姐，不是故意要對我殘忍，她這麼做有她的理由。首先，很明顯，她不希望我靠著美色一路「睡」出成功之路。不過，就她而言，「美貌」之於我並不是什麼重要特質，或者該說，用途沒那麼廣大。就她個人的經驗來說，美貌（她的美貌）並不能解決任何問題，也不會帶來什麼好處。在媽的心中，美貌只讓她受到父母的剝削，而他們的疏忽害她早早在少女時期就受人侵犯，最後還使她步上了依賴男人的道路——先是我父親，再來是我繼父。

媽跟爸離婚一年之後，媽終於找我到香港跟她過暑假，那是我頭一回見到我的繼父。我當時七歲。到了這個時間點，我很怕離開爸的身邊，很怕以「無人同行的小孩」身份獨自搭乘飛機，可是，我更怕我會在旅程另一端遇到的人。

有個光采動人的年輕女子在機場接機區迎接我。她的直髮中分，往下披垂於肩上，兩側用珠飾髮夾往後收束，那不是我記憶中身兼兩份工作、疲憊憔悴的女人。她舉起妝點了幾枚戒指的手，紅色長指甲召喚我上前，臉上閃過了一抹認得的神色。接著……就是那個嗓門。「**若芬！**」原來是咕咕雞，原來是我母親要把我認領回去。「這是叔叔。」

媽把我介紹給站在一旁年紀較長的男人，他眼神和藹、表情傻氣，頂上無毛，掛著眼鏡。他還滿高的，比爸還高，頂著軟綿綿的肚腩，臉龐圓滾滾的，就是習慣佳餚美酒、無憂無慮的那種臉。叔叔想擁抱我，但我抗拒不從。他笑了，是善意的笑法，然後輕輕拍了我的頭。「我們要一起過個很棒的夏天。」他跟我說，然後領著我們到車子那裡。叔叔載我們回家之後，並沒有離開。他也進到家裡來，最後還留了下來，待在媽的臥室裡。

他是石油瓦斯公司的主管。他上班的時候，媽就跟以前那群牌友一起打麻將。他還就媽的心血來潮，他對我貪心的祖母相當慷慨，他借錢給她的手足，他不在意媽邀請牌友到家裡打通宵的麻將。他不會把自己關在電視間裡猛抽菸，也不會為了錢或人生的不公不義而生悶氣。反之，叔叔會主動幫忙去買宵夜回來，叔叔會主動幫忙做一切事情。當大家調侃他說，媽已經掌控了他的生活時，他也從未露出困擾的模樣。

媽跟爸結婚以前就認識叔叔了，當時她從事走私，負責將西方的貨品輸入共產中國。當年她才二十歲，而他已近四十。他對她發動追求攻勢，但她興趣缺缺。她回香港之後不久，兩人再次相逢。當時她枯槁消瘦，老是生病——婚姻最後幾年的苦澀辛酸，重創了她的身體。她把自己鎖在外婆家一間陰暗的房間裡，幾乎食不下嚥，努力思索下一步該怎麼走。叔叔去探望她——帶了有療效的藥草茶跟藥湯，主動帶她一家人出門吃晚飯，主動帶媽去看醫生。外婆很快就對他好感滿點，積極鼓勵媽跟他約會，她簡直就是用推的把媽推出門去。最後，叔叔突破了媽的心防。他沒抱什麼期待，只是想讓她快樂、只是想照顧她，讓她的日子過得輕鬆一些。

「輕鬆」是個神奇的字眼，媽向來過得很不輕鬆，她早已身心俱疲。她當時二十九歲，已經很厭倦從零開始重建人生。她年少時期的浪漫懷想已經破滅，她被理想愛情的誘惑所背叛，手上沒了資產，也沒有什麼發展機會。有叔叔在身邊，她就不用白手起家，這個提議是她無法隨便掉頭放棄的。咕咕雞的特點就是相當務實，腳踏實地。

媽對叔叔坦誠以對。她告訴他，她永遠都會愛著爸；她跟他說，她不知道自己有沒有辦法用愛爸的那種方式來愛他。不過，她向他承諾說，她會對他忠貞不二，她向他保證自己會當個稱職的妻子。專業上來說，她成了他的重要資產。她協助他處理棘手的商務關係，建議他如何運用手腕在公司裡爭取拔擢，警告他有哪些潛在的敵人，並且鼓勵他在政治與財務上能夠獲益的領域上發展。她陪著他在亞洲各地出差；這個活潑又漂亮的遊伴，很得他同事跟合夥人的歡心。她相當照顧他年長的雙親；他母親過世的時候，他悲慟過度，由她一肩扛起喪葬事宜的安排。有媽陪在身邊，他越來越成功。他用豪華的禮物跟旅行來回報她，更重要的是，在我面前扮演了非常稱職的繼父角色。前後十年，他們是人人稱羨的一對。

媽真正信任的人寥寥無幾，連家人也一樣，尤其是家人。她逐漸能夠信任叔叔；她對他的信任，或許多過於對其他人。但是，久而久之，叔叔漸漸領悟到，雖然媽實現了兩人協議裡屬於她那方的承諾，但是不管她多麼全心全意對待他，不管他們的雙人生活多麼平靜滿足，他永遠都不會成為她**唯一的真愛**，這點開始慢慢啃嚙他的心。

他們的婚姻邁入第十年，當時我十六歲，媽發現叔叔在跟另一個女人來往。起初媽是從鄰居那裡聽說的，鄰居隨口提起曾經看過某個神秘女子進出他們家。接著管家雷蒂西亞證實，媽出門打麻將的時候，常常有個女性「友人」過來家裡。雷蒂西亞向媽坦誠，她有好幾次當場逮到叔叔出軌，可是叔叔求她什麼都別說。媽馬上檢查叔叔的護照，這才明白，他說他到新加坡出差，其實是帶女性友人到夏威夷去玩。她再查查他的銀行帳戶，結果發現叔叔買了一輛賓士轎車，可是他們家的車道上並沒有停放什麼賓士車。他大方揮霍，送禮給其他女人，快速地耗掉他倆共有的積蓄。

媽對叔叔勃然大怒，但重點不在於錢，更糟糕的是，她又再度被辜負了。她又再一次**讓自己**被人辜負。她讓自己信任某個人，而對方卻只是讓她失望。再一次，那種失望就是她自己的無能為力所造成的結果，因為媽相信自己永遠都無法獨立。她以前全心仰賴爸，而他辜負了她。美貌在短時間內確實替她帶來了好處，但是仰仗美貌無法帶來持久的滿足。

那就是為什麼咕咕雞不認為「美貌」是值得誇讚的特質，那也是她認為美貌對我來說，應該沒什麼實用價值的原因。因為美貌不會為我帶來連她自己都無法達成的目標：獨立自主。而香港小姐並不獨立自主。

「漂亮又怎樣？」只要我談到某人的長相，媽總是跟我這樣說。

「漂亮又怎樣？」是咕咕雞鍾愛的口頭禪之一。只要我讚美某個女生的長相，她就會這麼說，而且還會說得特別大聲，順便配上誇張的聳肩動作，指甲塗紅的一手會往旁邊一攤，露出滿臉不屑。

「漂亮又怎樣？漂亮眨眼就不見了啦。」她會彈彈手指，然後說起周屠夫的女兒的傳奇故事。

周屠夫的生意蒸蒸日上，因為他的屠宰技術如此高超，鄰村的村民為了買他家攤子的肉，願意走上幾英里的路程。他用來切肉的刀法，可以讓肉煮起來更容易入味。如果向兩個屠夫各買一磅肉，再用同樣的方式分開烹調，他的那磅肉總是較為美味，屢試不爽。一切就是因為他擁有特殊的切肉技法，是祖傳的秘密。

周屠夫只有一個孩子，是個女孩，她如此漂亮、如此纖細，他不願把家傳手藝教導給她，相信它配不上她的美貌。反之，當他女兒成年的時候，周屠夫為了替她找到合適的夫婿，好把他備受垂涎的技巧，傳承給她的丈夫，於是舉行了切肉競賽。

住在周圍村落的家庭，不論遠近，都派兒子過來，希望兒子不只可以娶到這塊土地上最漂亮的女孩，還可以學得一門好手藝，為老家帶回財富跟名氣。

一名蔬果商的兒子是最後的贏家。舉行婚禮之前的一年，他必須先當周屠夫的學徒。新郎上最後一堂課的當天，在進行某種複雜的屠宰程序時，刻意讓手一滑。結果刀子飛向了周屠夫的女兒，在她的臉上劃出一道刀口，還將她的一根手指削斷，最後她的臉上留下了一道從嘴邊延伸到耳朵的裂口。

蔬果商現在不肯讓兒子迎娶毀容的新娘，婚禮於是告吹。或許更糟糕的是，周屠夫的家傳刀法已經洩漏出去，而他女兒現在只剩九根手指，也無法接管他的生意了。蔬果商的兒子成了屠宰大師，家族的攤子現在既供應蔬果，也販賣高檔肉品，生意很快就勝過了周屠夫的攤子，而周屠夫也在無人傳承的狀況下黯然死去。既然他什麼也沒教給女兒，她最後不得不到蔬果商家裡去當洗碗女傭。

「漂亮又怎樣？」沒有知識，周家女兒的美貌稍縱即逝。周家女兒因為長得漂亮，被剝奪了學習實用技能的機會，因此只能仰賴別人——她父親，跟那個惡棍未婚夫。在媽的心裡，以持久實用度來說，漂亮遠遠比不上知識。

漂亮能夠發揮效用的時間有限。成長期間，媽老是用一只碗公蓋住我的腦袋，將我的頭髮剪短。我好渴望能把頭髮留長，因為媽一直否決我的懇求，寧可選擇實用而不花功夫維持的髮型，於是我常會把毛巾披在頭上，假裝那是一頭誘人的長髮。咕咕雞秉持的理由是：反正還有時間。「有什麼好急的？如果妳運氣夠好，遲早會長得跟媽媽一樣美。幹嘛那麼早就急著要漂亮？妳整輩子都可以漂漂亮亮的。現在就漂亮的話，大家反倒會覺得無聊。」

我想變漂亮，但媽寧可我變聰明。媽從來都沒有機會發展任何技能——就是可以提升她的境遇、讓她變得自給自足的實際又有用的技能。就像周家女兒，咕咕雞也是個美人兒，可是因為她沒把高中唸完，能從事的只有卑下的工作，連漂亮的女孩都得做的狗屁倒灶工作。媽決心不讓我碰狗屁倒灶的工作，於是，媽下定決心，要我用腦袋而不是外表，當作選擇工作的基礎。教育是首要之務；對我跟我爸來說是這樣沒錯，但對她而言，再也不是了。她覺得自己的機會之窗早已關上，於是將野心轉移給我們父女倆。

媽跟我父親離婚，正好給他奮勇向前所需要的動力。她沒帶著我，獨自離開了。他現在要為我負責了，再也不能夜夜坐在電視前面抽菸，一面哀嘆自己的命運跟自憐自艾，而且爸信了媽的話：**如果你出人頭地，我就會回到你身邊**。

跟媽離婚的時候，爸在電腦公司的會計部門做行政，在那裡是有機會更上一層樓的。為了賺取學費，爸在週末多兼了工作，晚上就去上夜校，前後為時三年。在這三年期間，他從不休息，就連一天的空閒也沒有，他不但沒有停工的時候，更不可能好好放鬆。只是反覆上班上學、上班上學，存錢存錢、再存錢，這樣就有足夠的錢送我去上多倫多最棒的其中一家私立學校。最後，爸成為註冊公認的合格會計師，在公司裡獲得了升遷。他頑強不屈，在受過良好教育之後，此時正踏上出人頭地的道路，而媽對我也有同樣的期許。

我家有個笑話，就是如果你沒有至少兼兩份工作，那麼你什麼也不是。媽移民到加拿大的時候，身兼兩職；爸還是移民身份的時候，也是同時做兩份工。就像許多來到新國度、受到文化震撼的移民一樣，他們沒時間沉浸在自憐的情緒裡，求生存才是第一要務，求生存比感受更重要。求生存時該做什麼，你就乖乖照著做，能扛多少份工作就盡量扛，你上學進修、養育孩子，不發牢騷。反正誰有時間抱怨啊？我父母那一代的移民忙到沒時間吐苦水。

這就是我媽以前老是用來引導我的移民理念。勤奮工作就是了，勤奮工作才會帶來成果。「漂亮」不會帶來成果，「特別」也不會。

現代西方父母老是跟自己孩子說他們很特別。對不少現代西方父母來說，跟孩子說她不漂亮也不特別，是刻薄又殘忍的作法。對咕咕雞來說，告訴我我並不漂亮也不特別，只是希望我面對真相而已。身為我的母親，她有責任要跟我實話實說。「媽媽永遠都會跟妳說真相，媽媽永遠都不會騙妳。會這樣做的人只有我一個。有時候真相很傷人，可是真相也會保護妳。我在妳身邊不是要對你好，我在你身邊是要保護妳的。」

媽保護我，免得我被愚蠢的夢想沖昏頭，就是那些無法達成的夢想，只會浪擲時間的夢想。媽常常扼殺我的夢想。她扼殺她知道不可能實現的夢想，那些夢想的基礎，就建立在我本身並不具有的特質上。像是我十一歲時想成為香港小姐。當然，讓小女孩幻想選美比賽的事，做這種美夢或許無傷大雅。不過，對咕咕雞來說，讓孩子相信遙不可及的夢想，讓孩子注定踏上失望之路，是身為家長的終極敗筆。在咕咕雞的心裡，任由孩子懷抱遙不可及的夢想，就是大扯孩子後腿的家長。按照她的說法，會跟孩子說他拉出來的屎都是香的，這種家長等孩子長大，最後就會淪落到幫孩子擦屁股、收爛攤子的地步。

一九九六年我們一起搭遊輪度假時，媽曾經這樣品評過別人。當時，船方事先就替每個客人分配好晚餐的座位。這就表示我們在這段期間裡，每餐飯都必須跟同一群人共桌享用。我們的用餐伙伴是一對年輕夫婦，帶著三、四歲左右的女兒同行。她是個活力充沛的小女生，總是不停旋轉跟跳躍。根據她父母的說法，她熱愛舞蹈。她在頭一頓晚餐期間就跳個不停，結果在某個時刻，撞倒了媽的水杯。女孩的母親雖然開口道歉了，卻沒叫女兒別再踢腿，而是解釋說：「她好會跳舞，我們不想潑她冷水。」

這種狀況延續了好幾天。那孩子因為亂揮手腳，要不是踉蹌絆倒，就是引發小意外，而那對父母卻表現得她好像是下一個安娜．帕芙洛娃㉕，擁有遮擋不住的才華光芒似的。媽對此很不以為然。某頓晚餐風波不斷，安娜．巴芙洛娃二世被自己的腳絆倒了，腦袋咕咚撞上桌腳，嚎啕大哭了一個鐘頭。媽實在受夠了。「她會跳舞？你們確定？」

不可思議的是，他們並沒聽懂媽的意思，只是重複唱著老調：**她好愛跳舞喔！即使我們想擋她，也擋不了啊！**我們離開餐廳的時候，媽已經倒盡胃口。「她摔倒，他們鼓掌。她放個屁，他們也鼓掌。等那個女生長大，大家到時會指著她大聲嘲笑。妳等著看吧。那都是因為他們一直讓她以為自己很特別。」

㉕安娜．帕芙洛娃（Anna Pavolva，一八八一～一九三一），俄羅斯十九世紀末、二十世紀初的首席芭蕾舞者。

我們正生活在強調「特別」的文化裡。電視的黃金時段裡，證據俯拾皆是。選秀節目《美國偶像》告訴每個唱歌走調的參賽者，他或她是特別的，讓他們為了追求某種現實而兀自沉溺其中，而那種現實卻只有極少數的人才可能經歷到，就像安娜．帕芙洛娃二世。在遊輪旅程之後，我們再也沒見過安娜．帕芙洛娃二世跟她父母，但我可以向你保證，即使她父母不間斷地鼓舞她，她永遠都不會成為舞者。

媽知道我在哪些領域裡不可能成功，就拒絕朝那些方向鼓勵我。媽相信安娜．帕芙洛娃二世的父母在她（所缺乏的）舞蹈能力上堅持強求，只會注定讓她踏上失敗與失望之路，所以咕咕雞永遠不讓我相信我是特別的。反之，她鼓勵我依靠自己實際可觸的強項——頑強不屈、好奇心、擅於溝通的性向——來追逐自我的夢想。

她也很吝於稱讚，這點不出意料。「妳為什麼需要這麼多讚美？把事情做好，為什麼妳還不滿足？難道妳每放個屁，我就要開趴慶祝嗎？」這就是她不讓我太過自滿的方式。雖然我偶爾會因為好成績而得到獎賞——麻將籌碼或是零用錢加給——媽如果吹捧我，也從來不會過度，咕咕雞永遠提醒我面對現實。

她提醒我，我並不特別。基於同樣的理由，她也會提醒我並不需要慶祝自己的成就。這正是移民者的心態：沒時間為自己額手稱慶，總是有更多事情等著處理。我表現良好，把考試的好成績帶回家時，媽會很開心沒錯，但是她的讚美總是經過斟酌，從來不會過頭，因為她從來就不希望我自負自誇。如果我自吹自擂，唔，蔣太太就會過來拜訪了。

每個華人孩子一定都有個「蔣太太」。蔣太太是用來驅策孩子努力的華人手段，因為蔣太太的孩子永遠代表著黃金標準。蔣太太的孩子會提醒你，你自己還有很長的路要走。我七年級時數學考滿分之後，蔣太太的孩子提醒我那沒什麼了不起。

當時是三月春假，我到香港去看媽。一如既往，我們在外婆的麻將館裡。爸打電話來跟我通報寄到家裡的數學成績——九十三分，是班上幾個最高的分數之一。

我一放下電話，就向媽跟所有的阿姨宣布這項消息，每個人都很為我驕傲。媽給我一百塊錢的籌碼，以當時的匯率來換算，等於是二十塊美金。我高興極了，媽不只稱讚我，還公開給我獎勵，這等好事幾乎從沒發生過。於是我決定好好利用這個機會。我滔滔不絕講著自己的事情，大言不慚說自己有多聰明。我自誇說，班上沒人可以像我這麼快就瞭解數學概念，我吹噓說那個考試好簡單，我誇耀說我好快就把試卷寫完了。我無法停止自誇。

媽最後判定，把蔣太太端出來提醒我的時候到了。她轉向坐她右邊打牌、離我最近的阿姨，並說：「人家蔣太太的女兒現在都當醫生嘍！好努力、好謙虛的女生，好認真負責！苦讀了五年，連出門玩一次都沒有，一部電影也沒看，現在啊，都到大醫院當醫生了。蔣太太運氣真好。我真可憐，我的女兒只是把一次測驗考好而已，那又怎樣？才一次測驗，她就已經得意到翹屁股了。」蔣太太的女兒都在替人治病跟救人性命了，可是我女兒卻只知道要翹屁股。」她轉而直視我的雙眼。「等妳把醫師證書拿給我看的時候，再翹屁股吧。要不然就少煩我，都害我沒辦法專心打麻將了。」

蔣太太的女兒，就是我很少暫停腳步、慶祝個人戰績的原因。在寫這本書的此時，我身兼三份工作。距離我上次真正度假，也已經相隔了七年的時間。去年夏天某個週五下午，我難得無事一身輕，正在打一輪高爾夫球，媽卻打電話來了。高爾夫打起來很耗時間，等我回電給她的時候，已經是五個小時以後的事。

「幾乎一整天了耶，」她評道，「妳這個週末要工作吧？」媽永遠都不會讓我好好放鬆。

過了三十歲不要剪瀏海

我起床的頭一件事，就是用眼藥水潤滑眼睛，再來就是煮水，整天下來都喝熱水。我每天也都吃一顆木瓜，還有一粒柳橙。我先生的一天也是這樣開始的，眼藥水、熱水，可是，不同的地方是他吃香蕉。

這並非習慣成自然，更不是個人的偏好，這個例行公事是遵照咕咕雞的聖旨而辦理的，全部都跟風水息息相關。

「風水」在中文的意思是「風」與「水」，當風吹對了方向，當水流往正確的地方，生命就處於平衡的狀態，和諧手到擒來，正是追求幸福跟興旺的理想條件。風水的目標就在於找出最吉祥的風、水配方，但是適合每個人的配方都不同。我們在不同的年份，源自不同的父母，出生的月份、時辰跟地點也都各有差異。而這些差異就表示，不同的變數會影響我們個別的風水動力。

風水是種古老的習俗。幾個世紀以來，風水的原始規則，隨著中國文化的遞嬗而逐漸演化、更改跟擴張，同時受到當地傳統和社會演進的影響，然後再由現代風水師自行詮釋，詮釋方法有時相當隨性。目前在亞洲市場上，風水書就像曆書那樣販售，每個人都有偏好的風水師。大家迫切等待新年來到，以便得知來年的運勢，並且根據其中的建議來調整自己的風水平衡，藉此追求飛黃騰達或是減災避禍。

遵循風水就像信仰虔誠，有某些標準的戒律。每椿罪，或是刻意摒棄某個風水戒律，都會有後果要承擔。贖罪並非不可能，但一定要有所犧牲。信者會以慈悲與同情的眼光來看待不信者，認為後者是無藥可救的。

咕咕雞虔心相信風水。就跟虔誠的基督徒可能會受到耶穌的吸引很像，為了應付難以預測、常具毀滅性的生命之流，學會怎麼解釋跟接受悲劇，也希望能夠減輕未來的不幸。媽全心擁抱風水，對她來說，風水可以幫她抵禦似乎如影隨形的悲傷與背叛，幫助她處理未來可能的沮喪失意，而且也會帶領我，讓我不僅可以免於重蹈她的覆轍，還可以創造更美好的體驗。風水不等於通往好運的路徑，而是可以讓人準備好迎接好運的來到，更重要的是，讓人防備面對霉運必然的攻擊。

媽按照風水原則來架構我的生活，就跟我小時候她講鬼故事而不是讀公主童話給我聽，道理是相同的。因為沒人得事先為即將降臨的美事做準備，有好事即將降臨的時候，又沒什麼好擔心的。可是，天降橫禍的時候，你就該擔心了。天永遠**會有**不測風雲，沒人可以永遠連莊。

咕咕雞教導我的一切——價值、道德、紀律——都是她個人品牌的風水，跟中國占星、算命結合起來的成果。她第一次將她的風水／占星／算命混合體，直接運用在我的人生上，針對的是我的臉。八歲那年的夏天，我抵達香港時，幾乎才一下飛機，她就注意到我雙眼之間的那顆痣。痣很小，但她連續好幾天都瞪著它看，好像想逼它長大似的。她堅持說那顆痣長得飛快，宣稱說我三個月前到香港過春假時，它還沒那麼顯眼。外婆跟來打麻將的阿姨們都不當一回事，說她大驚小怪，說她們幾乎看不到那顆痣。可是媽非常執著，她確信它會越變越大，拚命翻著風水年曆，最後翻到了好幾張臉的素描，上頭還有箭頭指著臉孔的特定區域。接著她看看我的臉，拿來跟那些圖片做比較。

隔週，她下定決心，帶我到醫生那裡除痣，可是我並不想去。我剛剛到了開始有虛榮心的年紀，擔心要是把痣摘除，就會留下不小的傷疤。媽認為我白操心了，告訴我傷疤很快就會復原，最後會幾乎看不出來，尤其在拆除縫線之後。縫線？聽起來更糟糕了。難道要我臉上掛著冒出來的線頭，到處走來走去？可是我不可能爭得過她，我別無選擇。負責處理的是鄧醫師，他割進我的雙眉之間，就在我的鼻子上方，然後把那個該死的東西挖出來。當時媽也在看診室裡，就在他旁邊，把一切都看在眼裡。老實說，痛是不痛。我幾乎不記得那次的就診經驗，可是媽連續得意了好幾天。不管我們去哪，她都把我除痣的過程鉅細靡遺、活靈活現地重講一遍。

按照她的說法，那顆痣是藏在表面底下的妖怪，在我臉上顯得微小又不起眼，但是表面之下卻有胖芝麻籽的大小。在媽的描述裡，鄧醫師在痣的周圍費勁切割之後，對於那顆痣埋得有多深表示意外。她把那顆痣說得彷彿有人格似的，說它似乎鐵了心要賴在裡面不走，說它的根部有多強韌又倔強，又說鄧醫師為了成功將它揪夾出來，必須審慎地在裡面挖來挖去。媽說這個故事的態度，彷彿那顆痣是隻寄生蟲，而她是它的征服者，保護我免得它最後全面攻佔我的整張臉。

「妳應該看看那顆痣的，阿女！妳應該看看的！」她興奮地重複說，「我們看到的，只是火山的一角，它會繼續往上升的！再過幾年啊，那個東西會蔓延到整個地方。要不是媽媽警覺，妳會變成怪胎一個。」

可是真相是，媽擔心的並不是那顆痣的美感問題。讓她憂心忡忡的，主要是我的人生，或者說我的死亡。依照她風水年曆，痣長在那個位置的人，會在二十二歲就溺斃早逝，那就是風水讓人心裡發毛的地方——非常具體，具體到讓人渾身不自在。

媽一直等到鄧醫師把我的痣除掉之後，才跟我透露她一心欲除「痣」而後快的原因。她把她年曆裡討論風水面相圖的那幾頁翻給我看，指著我看不懂的圖表跟中文說明，解釋說我們的人生依循著臉上的某種道路發展，說我們的五官會掌控我們的命運以及未來。

媽的下巴右側有顆痣，就在下顎輪廓上方。我問她為什麼找人摘除我的痣，卻把自己的痣保留下來。她說臉上那個區域長了痣，就表示那人會有「口福」——吃得好、說得溜——但是只到六十歲為止。到了六十歲，那顆痣就會失去效力。媽六十歲的時候，因為患有罕見疾病POEMS症候群而住院九個月，這種病是：周邊性神經病變（polyneuropathy）、器官腫大（organomegaly）、內分泌腺體異常（endocrinopathy）或單株免疫球蛋白（edema、M protein），以及皮膚異常（skin abnormalities）。

其實，她應該是在六十歲生日之前的十八個月左右發病的，媽開始無來由地覺得虛弱無力。每天晚上，大約在同一時間，她就會覺得左手臂發麻。她的體重也逐漸下滑，起初一個月只減輕兩磅，接著繼續往下掉，最後整個人形銷骨立，只剩區區九十五磅（四十三・〇九公斤）。她被送進醫院，是在六十歲生日過後的三個星期。到了這個階段，她已經無法行走，腰部以下都癱瘓了，雙手跟指頭也逐漸失去知覺。有好幾位專家協同檢查，而她的症狀讓專家相當困惑，持續排除一項項的疾病。住院兩個月之後，他們終於診斷出她患有POEMS症候群，並且開始啟動治療。媽逐漸有了起色，最後轉至復健醫院，開始重新學習走路。她在那裡的時候，遇到了同樣患有POEMS的病患，整個多倫多地區只有她們兩人罹患此症。那女人比咕咕雞大一歲，她的POEMS症狀幾乎跟媽一模一樣，只是早一年開始；她的下巴右側也有一顆痣，就在下顎輪廓的上方。

不過，在眾多的臉部特徵裡，會影響我們人生跟性格的，不只是痣而已。在我成長期間，媽時時刻刻都會把面相學的相關智慧，隨性拋進我們的對話裡，尤其當我們閒坐在外、觀察別人的時候。說起評斷別人的外表，我們都曾經是不講公平、批評嚴苛的賤人。媽用算命跟面相學，將自己毒舌賤嘴的批評加以合理化。某個男人走進餐廳裡，要是眼白部分比深色瞳眸更明顯、眉尾比眉尖來得高，甚至有微微的彎度，她就會斷定對方是變態，然後在整頓飯期間狠狠瞪著他，默默警示周遭的每個人：小心我們這群人中有強暴犯。要是某個女人有張闊嘴，那也會是個問題。西方世界一般認為這種特徵性感誘人，但對咕咕雞來說，有張闊嘴的女人，牙齒周遭有那麼多空間，是不可信任的，因為那種人永遠想融入眾人之間，而拚命變得長袖善舞、八面玲瓏，沒有紮實穩固的自我。

我從來就不喜歡自己的鼻子，老是抱怨它的模樣。我的鼻子是媽的鼻子翻版，但稍微比媽塌了點，勉強算是鷹勾鼻，鼻根有個隆起，然後往下彎捲。對我來說，看起來就是有點像鷹或是雞，總之，就是像某種鳥禽。媽很愛她的鼻子，不管我何時埋怨自己的鼻子，希望小一點、窄一點、鼻頭尖一點並微微上翹的時候，她就會說我很傻，並說有我這種鼻子，總比那種「沒肉」的鼻子好。無肉鼻女人會把霉運帶給她們的男伴，不管我們何時看到無肉鼻女人，媽就會搖頭為那位先生感到遺憾。「那個可憐的男人啊，一輩子都要做牛做馬了。因為他老婆的空鼻子，他怎麼努力都不會夠的，永遠都會功虧一簣。」

咕咕雞透過面相運勢來評判別人。聽她講了大半輩子之後，我看人的眼光也受到了影響。我們有個朋友雍恩帶了新女友過來，大家立刻就喜歡上她，除了我之外。即使她很可愛，我就是無法對她產生好感。那天晚上後來回家的時候，我先生問我在派對上為何對雍恩的女友那麼不友善。除了她有個無肉鼻之外，我並沒什麼堂而皇之的理由。但對我來說，那就表示她不適合雍恩，因為她的無肉鼻是永遠都無法饜足的。對於長了個空空無肉鼻、會為我朋友帶來壞運氣的女生，我就是沒辦法對她好（幾年之後，雍恩最後娶了別的女生，她的鼻子比較多肉。）

媽開始把她關於風水跟面相的信念，強加在我的外表上，有如早期她處理我的痣那樣，而這種趨勢越演越烈。摘除那顆痣的時候，我才八歲，年紀太小而無法拒絕。隨著我的年歲逐漸增長，意志也越來越強，媽在我的面相運勢裡偵測到什麼生理缺陷的時候，已經無法把我直接拖進醫生的診所去了。不過話說回來，那顆痣所造成的恐慌，在我的內心打下了基礎。除痣事件加上她的鬼／風水／算命故事，讓我變得越來越迷信。所以直到現在，她都還是可以任意操控我這個受過正規教育、理應講求理性的成人，讓我乖乖遵循她的指示，即使那些指示並未經過科學驗證。

我把它稱作「風水勒索」。

風水勒索就是我不能剪瀏海的原因。依照算命跟面相學，我們的臉可以預告我們的命運跟運氣。我的痣所預示的是，我會因為溺斃而早逝，因此早早就把痣摘除。雖說有些特徵可以預告災難，但是其他特徵則會產生相反的效果——可以吸引好運，而且更有意義的是，還能幫你驅兇避邪。要記得，風水跟正派的算命，目標不見得是要主動從好運來求利，而是要坐收成果。如此一來，就能依靠好運來對抗人生必然的低潮——也就是當機會寥寥無幾、一切得來不易的艱難時期。

額頭是人臉最突出的特徵之一。我們垂下腦袋的時候，額頭就會帶領我們前進。就算命來說，額頭是我們天生的盾牌跟戰士，額頭是我們的火源，我們從那裡取得保衛自己的力量，也是戰力的所在。華人相信額頭裡容納了三種火焰。當我們運勢正好時，額頭是亮的，會發光，我們發自內在的正面能量，會反映在我們的額頭「盾牌」上，為那三種火焰提供燃料。保持那些火焰的燃料供給，是至關緊要的事。它們代表著我們的光，非得要能毫無妨礙地燃燒不可。如此一來，它們就能守護我們、守護我們的運氣、守護我們的資源。媽總是提醒我，如果我要去充滿負面能量的地方（比方說，滿是病人跟魂魄的醫院），或是上殯儀館（死神從不離開的所在）時，永遠要把頭髮往後梳理，要確定額頭可以發揮全力，也就是讓那三枚火焰士兵做好出戰的準備。

要是那三枚火焰受到覆蓋，效力就會大減，對吧？剪瀏海就會干擾它們的力量。剪瀏海就像是把那些火焰掐滅似的，它們可能會麻痺無力而捍衛不了你。如果它們不能捍衛你，那麼你就不得不耗掉原本的精力跟運氣貯量，而這些是你日後可能會派上用場的珍貴商品。

每次我只要一剪瀏海，運氣確實就會有所折損。額頭上會爆出一堆痘子，連額頭以下的部位也會長，像是臉頰跟下巴，彷彿那三枚火焰的灰燼遍撒在我臉上的戰場似的。每次我只要事先沒請教咕咕雞就逕自剪了瀏海，她就一點也不同情：「看看妳。瀏海的事情我老早就跟妳講過了。看吧，現在妳不只醜不拉嘰，連運氣都跟著變差了。」

確實如此。我留瀏海的期間，運氣都很背。雖然我喜歡瀏海的模樣，喜歡它們框住我的雙眼、給眼睛一點神秘跟謎樣的感覺，但痘子並不會增加我的吸引力。而且我發現讀起書來速度變慢，跟朋友也處得不大愉快，手頭上可供花用的錢也變少了。

我最後一次留瀏海是在二十二歲。其實不算真正的瀏海，而是我把頭髮剪得極短，就是那種精靈系的超短風格。然後試著留長，前側的頭髮就只能往前垂落在額頭上，到時自然就會像是瀏海，結果我的痘子整個大爆發。我當時有個男友——他母親很討厭我。有天晚上，他帶我到他家吃晚飯，他母親當著他全家人的面對我說：「妳應該多吃水果，對妳的皮膚問題可能會有幫助。」

我尷尬得不得了。幾個星期過後，他就跟我分手了。沒錯，我們最後發現彼此並不適合，他母親的多管閒事也幫不了忙。我部分怪她，部分怪他媽的瀏海。從那之後，我就沒再留過瀏海了——雖然我在年近三十的時候考慮要留瀏海，只是這一回合我放聰明了，事先請教了媽的意見。這次，她使出了不同的招數。「妳都快三十了，這是妳這輩子最有潛力的時期，也是全力進擊的時機。這是用力挺進的時候，為了自己的下個十年做好準備，到時妳會開始老化，就要放慢腳步了。絕對不要在三十幾歲的時候剪瀏海，絕對不要在妳三十幾歲的期間，讓那三把火只發揮了一半或更少的威力。幹嘛妨礙自己？為什麼要冒那種險？到時候可別說我沒警告過妳。」

為什麼要為了該死的髮型，危害自己的未來？

這就是風水勒索。

不過，有時候，風水勒索會讓你像個百分百的混帳。幾年前，媽在看我的生肖運勢。她說我的運氣好歸好，但很脆弱，說我必須千萬小心，因為我的運勢一般說來，對我都還算有利，卻很容易受到險惡勢力的攻擊。她說我必須遠離醫院跟殯儀館，尤其是殯儀館，並要我別去參加葬禮，最好永遠都不要，除非是極親的家屬，而且非得要**很親的**不可。

那個葬禮政策到現在都還是有效。這件事給我超大的壓力。因為，唔，事事難料。但願這種事不會發生，但如果哪天我朋友遇到什麼鳥事，我希望自己到時可以到場陪伴。我可不希望變成那種因為擔心個人運氣，就不去支持朋友的混帳東西。無論我何時想跟咕咕雞討論這個難題，她總是給我同一套答案：「妳去參加葬禮，就會招惹霉運。妳為什麼想把衰運帶給妳朋友？那樣很笨耶。妳朋友為什麼會想交這麼笨的朋友？」

不過，我懷疑媽對我的勒索，有時候原因不在於名正言順的算命／好運道／壞風水，而純粹只是因為她看我的打扮不順眼。比方說，我穿著某件洋裝，她如果很厭惡那個風格，就會跟我說，那件洋裝的顏色代表倒楣，所以我到時在會議上的表現會低於平日水準，運氣可能也會比平時差。一週之後，我穿同樣顏色的衣服，只是剪裁不同，她就變得讚不絕口：「妳看起來不錯唷。」現在我固定會上電視，她對我在服飾跟裝扮上的選擇就會特別嚴苛。如果她不喜歡某個口紅顏色，那個顏色就自動表示我講台詞會吃螺絲；要是我的襯衫不合她的偏好，那就是會是我錯過提示訊號的原因。

不過，**不過**，雖然我知道那跟實際上的運氣可能毫不相干，但是她透過風水勒索如此成功地操縱我，所以我最後還是會乖乖換掉原本的裝扮。我會把那件倒楣的長褲脫掉，換上我們兩人都覺得過得去的東西；我會調整我的短外套，直到她表示同意為止。得到她的同意之後，我上節目會有自信得多。既然咕咕雞都說那樣的打扮會帶來好運了，又怎麼可能不會？

風水勒索是我挑星期五結婚的原因，而且比我跟亞塞克計畫成婚的時間早了一年。他在二〇〇〇年十月求婚。我們想要好整以暇地規劃婚禮，希望能在二〇〇二年舉行。亞塞克求婚之後六個月，媽某天滿晚的時候來電，她一直在研究算命書籍、細查她的風水年曆，將我的生辰八字拿來跟亞塞克的生辰八字做比較。我在一九七三年出生，那年是牛年；亞塞克是一九七五年生，所以屬兔。有個好日子就快到了，比我們原本準備的早得多。那個日期大吉大利，媽頻頻施壓要我們接受。她說那個日期很完美，說是我倆開啟雙人生活的最理想日子。她堅持要我們考慮把婚禮提前整整一年，這樣我們才能善加利用這個黃道吉日。那個日子是二〇〇一年十一月二日星期五，而且典禮必須在早上十一點跟下午一點之間舉行。

風水對亞塞克來說全然陌生，他來自波蘭裔的家族背景，父親是工程師、母親是建築師，風水不是他們會有興趣的東西。所以，迎面襲來的這種文化衝擊，讓他摸不著頭緒，這點倒是情有可原。他並非不願提早舉行婚禮，而只是完全搞不懂行動背後的成因。

風水就是那樣——就是無法解釋，至少無法用科學的角度來解釋。我跟他講過，我們有個朋友真的很想在某一天結婚，因為那天星期六，是時值秋天的美好週末，她也成功預定了自己鍾情的婚禮地點。她家人事先僱請算命師來計算這個日子是吉是凶，但她不理會算命師的提醒。算命師警告說，如果他們堅持按照原訂計畫進行，那場婚姻會是一場災難。雖然算命師提出了其他的日期選項，但我們的朋友卻全然不當一回事，她跟新郎就在她選定的日子結為連理。六個星期之後，他們就離婚了。

亞塞克的反應是，好吧，嗯，可是那是因為他背著她劈腿，即使當初挑別的日子結婚，還是會發生同樣的事情吧？會嗎？那天是受到詛咒的日子，這個預言就是成真了。如果我們提早一年踏上紅毯不會要了我們的小命，那麼何不從善如流？尤其在我們運氣好到竟然能找到我倆專屬幸運日的時候。

我們在二〇〇一年十一月二日上午十一點，在溫哥華踏上紅毯。溫哥華經常下雨，尤其在每年的那個時節。前一天晚上才下過雨，我當天早上醒來，也是落雨紛紛。氣象預報表示，那天接下來的時間都是陰雨綿綿的天氣。不過，我們典禮之前的一個小時，烏雲卻漸漸散去，天際清朗起來。接下來的幾個鐘頭，豔陽高照，及時讓我們交換誓言、拍攝照片。等我們回到旅館的庇蔭裡，才又下起雨來。這是巧合還是風水算命？

亞塞克開始改變想法，但偶爾還是摸不著頭緒。有時是因為語言的關係，就像他搞不懂我爸幹嘛一直送他褲子。「褲子」在廣東話是「服」，發音跟「富」一樣。我們華人常常這樣使用同音異義字——字音很相近的時候，我們就會把意義附加上去，即使真正的意涵之間毫無關係。

譬如，「四」這個數字聽起來有點像「死」。雖說它們是完全不同的兩個字體

（在英文裡也就等於是完全不同的拼法），但是在發音上很相近，只是其中一個音域較低。就因為兩者的讀音相近，在華人文化裡，數字四是最不吉利的數字。這就是為什麼在中式大樓裡，不會有四樓或十四樓，你注意到了嗎？他們會把整個數字跳過，就跟西方文化常常會避開十三這個數字一樣。

所以我爸之所以一直送亞塞克褲子，是因為他想藉由，呃，褲子的形式，將自己的「褲」或者是「富」，象徵性地傳給女婿。那些長褲並不是最時尚的，至少不是我們這個世代流行的樣式。可是亞塞克在我們婚姻的頭兩年，一直把那些褲子存放在衣櫥裡，有如囤積現金一般。他不大懂得其中的含意，但既然一直有褲子送過來，他就一直把褲子貯存起來。

對於風水，亞塞克在二〇〇二年的春天突然茅塞頓開。當時媽打電話來，說她要送爸從多倫多過來溫哥華跟我們住上一段時間。爸是鼠年出生的，鼠的對沖生肖是馬。那年是馬年，根據年曆，屬鼠的人正要度過鳥事連連的循環。年曆建議那年的五月初，屬鼠的人最好遠離住家、出門度假。媽要爸來探訪我們，她自己則會留守家中。我們跟爸共度了一段美妙的時光。我們休了假，開車到溫哥華島，訂了間水上排屋。爸不僅參加賞鯨活動，還沿著沙灘慢跑。我們在那裡的最後一天，媽打電話來跟我們說，車子出了點狀況。當時她正要開車上購物中心，結果有個前輪在半途無故脫落。那是個詭異事故，可是她平安無事。她的車速很慢，也沒上高速公路，所以事件發生的當下，不只她自己沒受傷，也沒有殃及他人。不過，重點是，如果爸當時在家，就會由他負責駕駛，而他一定會上公路以高速行駛。那麼他的運氣就不會這麼好了。只是……他這次的運氣就是好，因為他出城去了。我父母跟我都深信爸躲過了一劫，亞塞克也這麼相信。現在他已經完全相信這種事了。於是咕咕雞就大肆利用這一點。

她在我們的婚禮過後，加強了風水勒索的力度。事情從簡單的建議開始：一天的開始就要喝熱水，然後持續一整天。對華人老太太來說，熱水是最上選的飲料。他們相信對健康是有某些好處的。不管哪個文化，水當然對人都有好處。不過，熱水可以烘暖你的能量、點燃你的精神，既純粹又無菌，跟冰水恰恰相反。可是媽堅持要我們喝熱水，理由不只是為了健康好。一如既往，這件事跟風水、算命以及水的神奇特性（她不大願意說明）有關。

有人堅持，透露風水跟算命背後的秘密，就會削弱它們的魔力，而它們部分的力量來自盲目的虔誠。如果你毫不懷疑、毫無理由地信任，將會因為忠心而受到獎勵。媽的想法是，關於風水跟算命的運作方式，她透露越多，方法就會跟著減低效用，因為她那樣就等於背叛了古老的規範——這個規範也是她從來不大願意公開多談的事情。重點是，相信就對了，如此罷了。如果你不相信，唔，那就等著瞧吧。那就是風水勒索：總是帶著「要不然就……」的弦外之音。

不管我何時問起，「可是為什麼？要是我不照做（不管妳叫我做的是什麼奇怪的巫毒術），會發生什麼事？」她只是不耐煩、近乎生氣地敷衍過去：「我不想說……不過，妳自己決定吧。」那個「要不然就……」的暗示就懸在我的腦袋上方，有如上下顛倒的小丑嚇人箱㉖，隨時準備彈出來、搗亂我的生活。雖然她從來沒有承認過，但我懷疑喝熱水跟錢有關。在廣東話裡，「水」就是「錢」的俚語，就像英文裡的「bucks」指的就是「美元」，一百「bucks」就是一百美元。在廣東話裡，我們說「一舊水就等於一百元」。[27]所以你永遠不希望自己家裡發生漏水的狀況，一有漏水，最好盡快處理，要不然就會有錢財上的損失。依我的推斷，媽對熱水會如此執著，是希望我們重新補足自己的金錢供給有關。不管我何時提起這件事，她永遠都會轉移話題。

於是我倆抱著近乎虔誠的心，飲下熱水。

她要我們把喝熱水當成例行公事。三個月過後，她又要求我們開始潤滑眼睛，最好一起床就進行。對於這個作法，媽比較願意提供解答。她向我們說明，我們的眼睛是智慧跟抉擇能力的來源，眼藥水能為眼睛提供養分，會讓雙眼更加明亮清晰，也就能讓「觀看行為」順遂得多，這樣我們會更有效率地辨認禍事，也能更常察覺良機。眼藥水是她送我的生日禮物，超大一盒，是在好市多買的——這是我一年一度的禮物，就只有這樣。當我抱怨那份禮物未免也太爛了的時候，咕咕雞反駁說：「我的禮物會讓妳的眼睛更強壯。如果妳的眼睛更強壯，妳就會更成功。送妳毛衣會讓妳更成功嗎？妳幹嘛這麼不知感恩啊？」

於是我倆抱著近乎虔誠的心，滋潤著自己的眼睛。

眼藥水點了一年之後，接著出現的就是木瓜，我們兩個都要開始吃木瓜。媽不肯透露為什麼木瓜對我們兩個來說會這麼特別。「聽我的就對了。乖乖吃木瓜，別再多問了。」

木瓜不是很經濟的水果。起初，我跟亞塞克各吃一半。當媽發現我們合吃一個的時候，她問我們打一次高爾夫要多少錢。「你們竟然為了省下區區十塊加幣（近三百塊台幣），分著吃木瓜？等你們『那個』的時候，妳知道的……到時別怪我沒先跟你們講。」

「哪個？」

❷❻小丑嚇人箱（Jack in the box），一種魔術盒，盒蓋一開，就會蹦出讓人嚇一跳的彈簧小丑。
❷❼在廣東話中，「舊」是百元的單位，也可用來形容東西一整堆，或是食物很大一塊的樣子。

「就那個啊。」

「哪個嘛？」她什麼都沒說。討論到此為止。風水勒索每次都能起作用。

於是我跟我先生不再平分木瓜，而開始各吃一個。木瓜吃了將近一年左右，我的八卦事業開始漸入佳境。吃了兩年木瓜之後，我的八卦部落格受到了《Etalk》製作人的矚目，《Etalk》是加拿大的娛樂新聞節目。雖然我沒有電視經驗，卻獲得了記者的兼職工作。六個月後，他們跟我簽下工作契約。當時是二〇〇六年，我同時從事電視特約演出以及經營部落格，我熱愛的名人八卦就此成為我的夢想事業。木瓜吃到第三年的時候，亞塞克辭掉了他在電信公司的工作，全職管理我們八卦部落格的行政與業務。到了這個時間點，我已經全心仰賴木瓜了。沒吃木瓜的日子，就不完整，沒吃木瓜的日子，就一定比較遜色……不過，老實說，我並不喜歡木瓜。我不喜歡那種口感，更不愛那種質地。木瓜很麻煩，必須把籽挖出來，弄得一團亂，不是那種洗了帶著走的水果。

我們每天固定通話好幾次。有天，在其中一通電話裡，媽問我吃了木瓜沒有。當時下午已經過了一半。我一直在拖延，我嘆口氣，彷彿那件事很令人厭煩。起初她提醒我，木瓜最理想的食用時機是在六點以前，整天下來才能發揮最大的效力。接著她問我有什麼問題。我告訴她，木瓜的味道不大好，並說木瓜不是我最愛的水果。我告訴她，我把吃木瓜當成是非不得已的雜務，就跟看牙醫一樣。

咕咕雞也嘆了口氣，這絕非好兆頭。我驚慌起來。我想我完蛋了，我擔心剛剛把自己的好運全都浪擲殆盡了。我猜也許我會發生什麼事——遇上車禍，遭人陷害，琳賽蘿涵一直說要告我，因為我三番兩次罵她混蛋……

「怎麼了？我不會有事吧？？？？？」我對著電話線懇求。

「不會，妳會好好的。不過妳可以更好，可是如果妳沒有全心投入，木瓜就無法發揮最大的效能來幫助妳。」

風水跟算命就是這麼愛耍賤。你不只得乖乖遵循，同時還得他媽的心甘情願。

不過，最後，我的木瓜需求在我出門奔波的時候，還是順理成章地成了棘手問題。身為電視特派記者，差旅佔據工作的絕大部分。木瓜不是可以在一般雜貨店買到的水果，木瓜不是蘋果，甚至比鳳梨還難買。我跟咕咕雞提出這個難題，她要我給她一點時間想想解決方案，最後她建議吃柳橙。就在此時，我才明白可能跟顏色有關。木瓜跟柳橙是同一種顏色。不過，到了現在，我已經放聰明了，知道最好不要把自己的假設說出口。（至少等到現在才說。有些事情最好不要大聲嚷嚷，說出來可能就會觸霉頭。那就是為什麼我在寫這一章的時候會陷入嚴重的焦慮狀態。如果這本書最後一敗塗地，我就知道原因何在了。）

總之，柳橙成了替代品。木瓜還是最好的，但如果有必要，用柳橙代替也行。有時，我需要一點額外的魔力，我就兩種都吃。

可是，並不是每個人吃木瓜跟柳橙都有相同作用，木瓜是特別為我的生辰八字、生肖跟特別能量所特別挑選出來的東西。比方說，亞塞克已經從木瓜改成香蕉了。二〇〇九年，咕咕雞宣稱說，他必須把香蕉加進日常例行事項裡，說他可以不用再吃木瓜了。我愛香蕉，我好嫉妒。我問她我能不能也吃香蕉。

「如果妳想要，是可以。可是對妳來說，香蕉的作用永遠比不上木瓜。等妳把整件事弄清楚，一切就已經太遲了，到時可別來找我。」

要是沒有木瓜，我也不可能寫出這本書。

可是，以風水勒索來說，熱水、眼藥水跟每日水果等等這類的事情，遠遠比不上找房子的限制。家是人生活的中心，風水對住家選擇以及室內陳設的指導守則非常具體。你可以在西方的房地產市場上看出這點——隨著中國人持續在全世界投資地產，房地產業界也越來越精明了。

在命理學裡，8是最吉祥的數字，這又跟發音有關係。廣東話裡的「8」，念起來是「八」，跟「發」（富有）是互相押韻的。所以，八就跟「富有起來」、「得到好運」是同義詞。這就是為什麼房地產仲介在訂價時，尾數常常會用數字八。這也是華人殺價的時候，數字裡常常至少會有個八的原因。如果房子的訂價是$299,400，那麼準華人買家也許就會還以 $299,388 這樣的殺價。看出竅門了嗎？四通常被視為不吉利的數字，在這裡用了兩個八取而代之。

這只是概括的說法。就像水果一樣，我們都有各自的幸運數字。幾年前，亞塞克開始到處都看到四。他看著時鐘，時鐘顯示 4:44；他去買東西，總金額是 $14.44 或 $24.44。他快嚇壞了，並且趕緊問我媽，他是不是就快倒大楣了。她要他放心，說不會有事的，她說他四周的那些數字四是在保護他。四對罕見的少數人來說是幸運數字，他就是其中一個。畢竟，他是四月一日生的，也就是第四個月的頭一天。而我，沒有亞塞克那種超級幸運的數字。可是我確實有個很不吉利的數字，就是五。我通常都會認真避開。

我們在找房子的時候，命理學對我們來說變得至關緊要。二〇〇八年初，我們賣掉了位於溫哥華西四大道（看吧？亞塞克就是會受到四的吸引）的小公寓，決定先租房子，好整以暇等待最完美的地方出現為止。幾個月之後，我們決定買下海灘附近的一間排屋。那裡很理想，不過我們必須先跟咕咕雞商量一下，要用什麼「數字」來殺價。她建議的金額稍微少於訂價，用了一系列複雜的數字，組成了讓我們看得一頭霧水的價碼，而且堅持非出這個金額不可。我們試著跟她說，房市目前很競爭，出那個價錢不可能把房子買到手。她非常平靜地跟我們保證，如果我們最後沒買到，那就表示那裡原本就不該屬於我們。

亞塞克覺得很挫折。他真的很喜歡這間房子，他覺得自己被她的「瘋狂」風水勒索給束縛了。可是，儘管我希望我先生快樂，但也想要守護我們的幸福。找錯房子會毀掉人生，找對房子則可以讓住戶的人生更上一層樓，我希望我們的家有正向的能量。我相信，媽知道該怎樣幫忙找到我們需要的那種能量。這個物件雖然恰好擁有美好的市區景觀，也有個亞塞克能布置成男人窩的超棒地下室，但是我請他不要為了這房子減損我們的能量、精神以及當前正旺的運勢。他終於同意了，最後我們與那間房子失之交臂。

那年秋天，世界經濟崩盤。要是當初買下那房子，我們就買貴了。但亞塞克只是搖搖頭。

幾年過去了，我們到開發區去看另一間排屋，附近有個公園，正好很適合當我們家狗兒的活動空間。有一天我們看到售屋告示，屋主恰好在屋外忙碌，他同意帶我們參觀一下。那是個邊間的單位，有黑色尖刺柵門，門廊上掛著風鈴。裡面共有三層，整個頂樓就是主臥室，房間的形狀很怪，角落的斜角相當詭異，還有傾斜的天花板。此外，戶外的水療按摩浴缸佔了整個後院的大半。那個地方需要整頓一下，可是我們還滿有興趣的，於是請仲介去打聽看看。不料，隔天我的身體開始不舒服，一直覺得疲憊，噁心想吐，食不下嚥。幾天過後，媽在電視上看到我，旋即打電話過來。「妳還好嗎？妳怎麼了？我剛在電視上看到妳，妳的額頭很暗沉，眼睛沒有生氣。妳做了什麼事？」

我跟她說我睡不好。她喃喃說了點要好好保重的話，然後就掛掉電話了。隔天也一樣。她說我在電視上看起來糟透了，堅持要我去看醫生。

接近週末的時候，房產仲介捎回那棟排屋的消息。找房子的事情，我們向來都會請教雙邊的父母，於是亞塞克用電郵把照片寄給他媽跟我爸，問他們有什麼想法。電話幾乎馬上鈴鈴響起，是憂心忡忡的咕咕雞。「妳到那間房子去了嗎？妳踏進那間房子了嗎？」我說我們湊巧遇到屋主，對方就順道帶我們入內參觀。她激動得不得了。「那房子好髒！那房子髒死了！」

我記得黑色柵門上的尖刺看起來很猙獰，而我們走進去的時候，風鈴傳來的聲響——聽起來也不大親切。我記得樓上那個格局詭異的臥房，讓人感覺很不舒服。我把這些觀察都跟咕咕雞說了。「嘖，」她在電話上嗤之以鼻，「我從照片上就看得出來。裡頭有髒東西。你們進去以前應該先給我看看照片的。」

她警告我，以後沒先向她稟報，就不要擅自跑去看屋，不然至少也先讓她看看照片再說。換而言之，我就是被壞房子感染了。可是為什麼亞塞克就沒事？正如某些水果跟數字對某些人來說是吉利的，某些勢力不管有益或有害，則會受到其他人的吸引。而在那間房子裡活動的邪惡勢力，我就吸引到它們了。

那麼，現在怎麼辦？

媽並不是太擔心，因為我一直持續吃著木瓜。而且多年以來，她都持續用風水巫術來替我保身，替我隔絕掉這類的事件，我的運勢依然繼續暢旺。那種巫術有部份如下：每年在農曆新年過後，我就必須去抽血。我從二〇〇六年成為自由工作者以來，就一直這麼做了。媽擔心，成功會讓我暴露於更大的險境裡。一如既往，她不願解釋她理論背後的成因，也不願說明她到底在我的未來裡看到或讀到什麼。但她特別看重我的健康跟身體的福祉。風水算命任務的清單原本就已經越來越長了，現在她又多添了一項儀式。我跟亞塞克都必需接受血液檢驗而「放血」——為了檢查膽固醇、血清肌酸酐、懷孕與否。不管醫生在表格上勾選了什麼項目，她都不在乎，只要我們失去一些血就可以了。藉由自願「放血」，我們可以先發制人，減緩事情的嚴重性。就像某種獻祭，只是沒有重大的後果（順帶一提，去看牙醫也有這種效用。因為洗牙的時候，難免都會流點血）。

既然那年我已經盡責地放過血了，所以媽有信心我的運氣正在不錯的水準上，應該很快就會從那棟髒房子的衝擊裡復原才對。她奉勸我立刻去剪頭髮，希望至少能剪掉三吋（七．六公分）的長度。我把頭髮留得很長，垂到背部的一半，我並不想剪短。可是媽說服我說，我需要淨化一下。我必須驅除黑暗，也就是那房子在我身上留下的負面能量。那種能量一直壓制住我，唯一可行的方法，就是透過我的髮絲末端將它釋放出去。我在剪短三吋之後，馬上覺得好過一些。

我們繼續尋覓房子。我想我們的挑剔程度，與其他購屋者不相上下。可是，我們的確有個條件，使得覓屋過程更為複雜：樓梯。很多排屋的設計，都是讓樓梯正對著前門。一般來說，這在風水裡是不好的，因為那表示你的運氣三兩下就會輕鬆離開。家應該是貯放運氣的花園跟金庫。這就是風水的功能所在：幫助滋養跟守護你的運氣。每當我踏進我們有意購買的排屋時，迎面一看到樓梯，就讓我不禁連聲哀嘆。這種狀況不知有多少次了？拜託，建商們，如果你們正在讀這本書，請留意一下。你們這樣設計房產，不知道錯失了**多少財源**。

我們最後還是沒能在溫哥華找到房子。二〇一三年，我們搬到多倫多，方便我在新開的脫口秀裡擔任共同主持人。為了看房子，我跟亞塞克只能在溫哥華跟多倫多之間飛來飛去好多次。我們找了個仲介，縮小我們想要落腳的鄰里範圍，然後給她一份條件清單，樓梯問題就是其中一個。她會把或許可行的地產資料用電郵寄給我們，倘若我們恰好在城裡，就先把照片寄給咕咕雞，這樣她就可以告訴我們，房子是否能通過她「骯髒或乾淨」的初步檢驗。然後我們就會親自過去看看。

可是，我們最後買到的房子在當初上市販售時，我們人卻不在城裡。它也有樓梯的問題。一般來說，當房子的樓梯面對大門，我們就毫不考慮而立即放棄。不知為何，這次亞塞克最後卻把它加進可以考慮的清單裡，寄給我爸媽審核。結果媽愛得不得了，馬上來電說，選這間可能就對了，她還說想約個時間替我們先去探探。我們很震驚。**怎麼搞的？可是那個樓梯怎麼辦？**

「那件事由我來擔心就好，我先去瞧瞧再說。」

她在那間房子裡待了一個半鐘頭。她好愛這間房子，愛到不只鼓勵我們去買，還贊同我們接受原本的訂價。這女人在買生活雜貨的時候，為了躲消費稅，可是斤斤計較呢。咕咕雞以前從沒接受過訂價，可是她對這間房子就是這麼篤定。

樓梯怎麼辦呢？

「媽，」亞塞克心煩意亂地問，「為什麼這個樓梯就沒關係？」

「房子本身很強大的時候，就可以克服自己的缺陷。這間房子很強，對你們兩個非常、非常好。」風水——風跟水，原來只要情況允許，也是有彈性空間的。

我們的家就在小小十字路口的轉角上。前門面北，後門朝南。所以陽光會從三面流洩進來，那是超級加分——房子很明亮，藏納陰影跟黑暗的空間少之又少。因為我們在轉角上，所以房子坐擁兩條街。就風水的條件來說，就表示我們會有更多選擇——調整策略的機會能夠加倍；如有必要，跳脫困境的機會也會加倍。對我這種在創意事業裡闖蕩的人來說，那個特點特別重要；更多道路會通往更多想像力——路途都要保持通暢的狀態。加上，除了標準的飯廳之外，我們的廚房也有個中島，可以充當用餐的桌面，而且還有個吃早餐的小角落。在中文裡，「賺錢」的俚語是「找飯碗」。房子裡有更多地方可以「找飯碗」（也就是吃東西），就會給我們更多賺錢的管道。

我們一步也沒踏進去，就把房子買下來。它得到了咕咕雞的支持，是唯一重要的事情。

風水還不只跟買房子有關。也跟你怎麼排列家具、進行布置有關。總之，一些看似微不足道的細節，對房子如何接受跟培養你的運氣來說，卻可能相當關鍵。比方說，你永遠不該這樣布置你的家：一進家門，迎面就是鏡子；這樣運勢會很糟糕，因為鏡子會趕走運氣。對於鏡子要放在哪些位置，務必小心謹慎。床腳放面鏡子也會造成問題，可能會引發婚姻的衝突跟崩解。這是風水的基本原則。風水還有個基本觀念就是，床腳永遠不該面對臥房門口。因為大家就是這樣用輪床推屍體出去的——腳先出去，這樣每晚都像是睡在自己的棺木裡。房子前方不應該有障礙物，比方是樹木或路燈，它們會擋住你的運氣。如果運氣必須先跟天然、人造的障礙物奮戰一番，要怎麼順利進家裡來？運氣會乾脆轉往進出比較方便的隔壁人家。

現在，家居的基本風水原則在網路上跟書店裡都找得到，可是高階的風水就沒那麼簡單了。這個時候就需要風水師。媽有個朋友的姪女遷入新房子之後，突然病得很重，後來發現她的腿裡長了腫瘤。窮盡一切的醫學療法之後，決定要帶風水師去評估那間房子。房子本身大部分都沒問題。地點不是問題，家具擺設的位置也不成問題，所有的基本條件都通過了檢驗，但結果發現問題出在壁爐，是所有問題的起源。那個壁爐有狀況，因此風水師建議盡快把壁爐封死，他說這是攸關生死的大事。所以他們把壁爐封了起來。八個星期之間，她的腫瘤開始縮小，醫師滿頭霧水但態度樂觀，他們現在有幾種療法可供選擇了。這件事發生之際，耶誕節的腳步正逐漸接近，那一家人的精神為之振奮。在歷經那番壓力之後，他們希望把耶誕節過得很有節慶氣氛，於是決定開通壁爐，就只在過節這段期間而已，而這個決定後來會讓他們後悔莫及。一月的時候，她的病況惡化了，癌症轉移到她的肺部，她在那年的夏天過世。

我永遠會記得媽後來跟我說，沒有一間房子是完美無缺的。每間幸運的房子裡，都有個不幸運的地點；而每棟不幸運的房子裡，也有個很幸運的地點。我們目前還沒找出自己新房子裡的幸運或不幸運的地點，久而久之，它們自然就會浮現。不過，我可以說的是，咕咕雞會仔細盯住它們的。她簡直就像是要搬進來似的：不論是購置每件家具、挑選漆料顏色或是選擇景觀設計，她都想盡辦法要參與決定。對於我們怎麼清掃房子，她甚至也想摻一腳。有一天在我打了好幾次噴嚏之後，她就不停對我嘮叨，說我們的排氣管必須吸塵了。當我抗議不從的時候，你猜怎麼著？

當然又是風水勒索。

「滿是灰塵、亂七八糟的房子，妳以為運氣會想來嗎？妳以為運氣會想在妳的豬窩裡跟妳一起鬼混嗎？妳以為運氣沒有別的選擇嗎？」這麼一說，就會激勵你維持住處的整潔，並且避免在入口處亂堆東西。

這些風水跟算命的要求，聽起來可能讓人備受束縛——我能做或不能做什麼、我何時該做或不該做什麼，我的朋友一聽到這種事情就會大翻白眼。幾年前，年曆預測兔年出生的亞塞克會在屬兔的本命年期間，遭逢某種風險。咕咕雞給了他一條末端綁著狗型護身符的紅線，交代他要放在車上。他有個死黨拿護身符的模樣來調侃他，但他現在早已是個相信風水的識途老馬，於是笑笑不當一回事，繼續把護身符留在車上。必須在皮夾上、脖子或車上掛起可愛的動物護身符，或者手忙腳亂急著要在現場電視節目開播之前找木瓜來吃，這種事情頂多讓人小尷尬一下，最糟的情況也只是輕微的不便而已：像是抽個血、封起壁爐、不在牆上掛出會讓朋友佩服你品味的繪畫。咕咕雞卻是會反問你是否值得。

為了漂漂亮亮出席派對而去剪新瀏海，如果表示你可能會失去升遷機會，這樣值得嗎？為了在家裡打造一個可以向人炫耀的廚房，而威脅到自己的婚姻，這樣值得嗎？對媽來說，風水跟算命的建議從來不會帶來多大的妨礙，所以並不會變成棘手的選擇。你用一百萬美金也買不到好運，可是衰運卻可能讓你付出很多的代價。如果每天吃顆木瓜可以幫我避開衰運，何樂而不為？

媽在醫院裡跟 POEMS 激戰的時候，我曾經問她，如果她比較早開始遵循風水原則，她是否認為自己的人生會有所不同。如果早早有人跟她講熱水、眼藥水跟木瓜的事情，如果有人一路給她風水算命的忠告，她會遭到那麼多次背叛嗎？她還會常常受到辜負嗎？她還會要承受這麼多的悲傷嗎？相較之下，在她風水智慧的庇蔭之下，我的日子未免也過得太輕鬆了。

「妳是牛年生的，」媽說，「妳永遠都不會太輕鬆。牛是生來工作，而且要賣力工作的。我只是試著幫你排除干擾事物，讓妳更勤奮工作而已。只要妳能夠工作，身為牛的人生道途就會很穩定。可是我是屬虎的。虎的人生道途並不平穩。虎的命運是要飛黃騰達，爬得比其他人都高，一次又一次。可是隨著每次的爬高，也會狠狠摔下。而虎一摔，就會比大多數人摔得都還重，那就是當虎的風險跟獎賞。風水跟算命確保我的高峰能夠比低谷還要持久，但是永遠都無法消除低谷。」

媽說這番話的當時，狀況很不好，可憐兮兮地躺在醫院的病床上，日漸凋萎枯乾。很難想像哪一種高峰的價值，等值於目前的低谷加上她之前的所有低谷。於是，我向她提出這個想法。

「**呿！**」

即使狀況如此之差，咕咕雞在必要的時候，還是能發出咕咕聲。**呿！**是廣東話，是沒有真正呸出口水的啐聲，是對褻瀆行為的反應。以前晚餐的時候，如果我討厭那餐的菜餚，媽都會對著我吼出這個字。**呿！別讓命運之神聽到妳說妳不想吃這個。祂們可能會把它拿走。**

「唔，**看看**妳，」我跟媽說，「妳都在穿成人紙尿布了，而且瘦得跟屍體一樣。妳現在的生活爛透了，妳的人生一次次跌到谷底。可以把那些低谷全部抵銷掉的高峰又在哪裡？」

她嫌惡地翻翻白眼，跟看到我剪瀏海的那幾次一樣。「妳以為妳是什麼東西啊？每個屬虎的人都有一次震天吼的發威機會。妳就是我的震天吼。好了，別傻了，要不然妳只是在浪費我的震天吼。」

妳為什麼要跟三角頭約會？

咕咕雞認識新朋友的時候，很不會記名字。任何名字都一樣，不管是中文或英文，對她而言都無所謂，因為她幾乎全記不住，或者說她懶得去記，我至今還不確定是哪種。所以她不用名字來叫人，而是給他們中文綽號，根據的通常是他們的外在特質。這是她的天賦，她一眼就能認出對方的關鍵特色，然後一輩子把這個標籤用在他們身上。

她的牙醫助理有很長的睫毛，所以就是「羽毛臉」，因為不管助理什麼時候眨眼，看起來總像有兩把扇子從額頭往下搧來。相隔兩戶、大腹便便的男人是「偷吃賊」，因為他可能把吃的都藏進肚腩裡了。我朋友瑪歌長得很高，就只是「高個兒姑娘」。我另一個朋友凱特滿頭紅髮，就是「火焰頂」。從媽替人取的綽號，總是可以看出她對那人有沒有好感。她開始跟我的男友見面之後，這點尤其明顯。

我在大學認識艾倫。我們先是普通朋友，後來才開始交往。我們最初認識的時候，我對他完全毫無感覺。我當時的生活裡還有別的男生，也有其他的興趣。不過，久而久之，我們開始更常一起活動。我們相處更多時間之後，艾倫就跟我說他希望我們的關係能更進一步。他坦承說他一直都很喜歡我，唔，我想這番話讓我聽得飄飄然。跟艾倫從友誼過渡到愛情，感覺起來自在又簡單，沒什麼波折起伏。

艾倫是個好學生，同時也兼了份工作，所以擁有自己的車跟自己的收入。他有責任感又積極進取，家境良好；雙親的經濟狀況很不錯，為人善良又慷慨。他們還滿喜歡我的，也很支持我倆的關係。我之所以跟你說這個，是因為你會認為這份「履歷」好到可以帶回家向母親獻寶。

艾倫在連假的週末過後載我回家，那是咕咕雞第一次見到艾倫，我邀請他進家裡打聲招呼。艾倫很在意別人對他的看法，對自己的外表特別講究。他會花很多時間把T恤整整齊齊塞進褲子裡。他在牛仔褲底下穿著靴子，而且要確定褲管兩側都很平坦。他過份講究，甚至會在鏡子前面預先練習站姿，查看自己傾身的時候哪一側比較好看，我以前老是拿這件事來調侃他。兩個小時之後，我們出門到了某個地方，我就會看到他做出自己偏好的傾身姿態。他對咕咕雞就是端出自己偏愛的傾身姿勢。只見他在前廳裝模作樣，身穿皮夾克跟牛仔褲，雙腿微微分開，雙手插在口袋裡，刻意呈現身體的一側。表面上看來，她不為所動，沒有流露欣賞或不以為然的神情。那場對話短暫、平常，她既沒有無禮的表現，但也無意延長這場對話。我接收到她的訊號，於是打打手勢跟艾倫說該走了。我陪他走到車子那裡，然後回到家中。我問她對他有什麼看法。

「妳為什麼要跟三角頭交往？」

沒錯，就頭髮來說，艾倫是沒有喬治·克隆尼[28]濃密，可是他已經很努力了。他並沒有刻意橫梳頭髮來掩蓋漸禿頭皮什麼的，但他的確把頭髮往前梳攏集中，讓前側附近變得最為濃密，最後在額頭中央上方把頭髮往上抓尖。看起來還好啊，沒什麼問題嘛，至少對我來說不成問題。不過，咕咕雞判定，艾倫是個海盜。他的三角髮型讓他看起來好像戴了頂海盜帽，於是她堅持叫他三角頭，常常還追加說，如果他戴個單邊耳環，就是百分之百的海盜了。從那時開始，在我們為期一年的交往過程中，只要說起他，她就只肯叫他「三角頭」。在家族聚餐上，我為了跟他出去，會提前告辭離席。就在我忙著穿鞋子的時候，她會告訴現場的每個人，嗓門大到讓我聽得見：「若芬又要跟那個三角頭約會了，大家顧好自己的船啊！」

最後，我當面跟她對質。某天晚上，就在我準備跟艾倫出去的時候，我恰好聽到媽跟爸說：「那個三角頭晚一點要過來接她。」她的反應實在很說不過去。以往，她會批評我的男友們是廢物、沒有「未來」、缺乏潛力、懶鬼一枚、玩樂過度、變態反常。（最後一個是約翰——在此鄭重聲明，約翰並不是變態。他只是有非常性感的笑容，這點常常讓他無往不利。約翰是匹種馬，咕咕雞馬上就在他身上嗅出這

㉘喬治・克隆尼（George Clooney，一九六一～）美國男影星。

點。因為他很清楚要怎樣把女生迷得團團轉。）

艾倫則是以上皆非。艾倫有工作，正努力要在建築界裡開展事業。他的交遊廣闊，社交生活很活躍，但夜生活又不過度，而且他絕對不是變態。所以我問媽為什麼要一直貶低他。他的頭髮不夠濃密，那又怎樣？他讓她看不過去的地方，就只是頭髮的問題嗎？

「你的三角頭很自我中心，我從他站的姿勢就看出來了。他站著的時候，就像是想裝成牛仔的海盜。他太自我了，不適合妳，妳等著瞧吧。」

咕咕雞試著要告訴我，艾倫很愛裝模作樣。她要告訴我，他忙著想當別人，不懂得自己真正的模樣（但又有誰能在二十歲就認清自己？）。她懶得跟他打交道，而且艾倫也懶得跟她往來。他知道媽對他沒什麼好感，也許他直覺知道她可以**看透**他。他並未嘗試改變她的看法，而是乾脆不予理會。偶爾他會巧妙地暗示說，那是她的問題，與他無關。不管他何時有這種表現，我的腦海裡就會響起媽的聲音。**如果他驕傲到不去尊重妳的父母，那他又會有多尊重妳？**

我跟艾倫的關係維持了一年。他不希望結束兩人的關係，但是到了最後我再也不想跟他相處了。他的虛榮本來只是個人的怪癖而已，後來卻讓人倒盡胃口；他的裝腔作勢跟矯揉造作原本很俏皮，可是很快變得讓人尷尬不已。我無法確切點出，我想跟他一刀兩斷，是因為我不想跟他在一起，還是我媽不希望我跟他在一起。我最後領悟到，亞倫真的不適合我。雖然媽可能會如同以往，為了這件事居功，但是當她發現我們分手的時候，並沒有露出如釋重負的樣子，反而**依然**一副心浮氣躁的模樣：「我真不懂，妳為什麼可以跟個三角頭交往這麼久？」

回顧過往……我也不懂。亞倫為人不是很糟糕或什麼的，他心地不壞，也不會忽略別人，我沒有怨他的理由，可是我也沒有理由要記得他。他的幽默感還過得去，但不會特別有趣。他人還不錯，但也不會特別善良。他還滿聰明的，可是不到天才的地步。他還算有趣，但還不到有魅力。唔，雖然這樣說聽起來很賤，可是他對我的吸引力甚至沒那麼大。咕咕雞說得沒錯。我浪費了一整年的時間——浪費在我無法真心捍衛的關係上，一段我從來不曾真的想奮力爭取的關係。我很希望可以在情史上抹消這個男友，這樣我就可以把那段時間討回來，花在更加敏感聰慧、更有創意或甚至更性感的傢伙身上——某個在我的記憶裡不只是可有可無的人，某個我承認曾交往過而不會覺得難為情的人。

針對這點，媽老早就試圖警告過我。打從我開始對男生萌生情愫以來，她就立刻試著警告我，那些感情就世人的眼光看來會是什麼樣子。從踏上浪漫愛情的旅程以來，她就對我耳提面命，希望我在選擇愛戀的對象時，要更有鑑別力。

我的初戀對象是湯瑪斯，湯瑪斯是我乾媽賴太太（我都叫她賴「嬸嬸」）的長子。湯瑪斯比他弟弟彼得大五歲，而彼得大我一歲。我們還小的時候，就像任何么妹一樣，我成了彼得的主要標靶，他總是想盡辦法要捉弄我。我十三歲的時候，愛上了湯瑪斯。當時他十九歲，剛從高中畢業，家裡讓他開車。他燙過頭髮，長相俊美，還有個非常漂亮的女友，所以我把暗戀藏在心裡。可是我做著白日夢，想像自己跟湯瑪斯終有一天會在一起。怎麼可能不會？我們兩家這麼親。他只是需要改變觀點，把我當成女人就行了，等我的頭髮長過肩膀，他對我的看法自然就會改變。

我預計頭髮到了夏末就會留長，在我回加拿大、新學年開始之前。

七月的某個週末，湯瑪斯的爸媽在家裡舉行烤肉會。整個晚上，我嫉妒地看著湯瑪斯跟他女友。前一分鐘他還在調侃她，下一分鐘就餵她吃烤香腸。真教人怒火攻心，我心情壞透了。媽甚至更糟糕，因為她跟我繼父為了某件事吵架，決定提早回家去，我不得不跟他們一起離開。我們回到家中的時候，場面火爆到不可收拾的地步。媽放聲尖叫，繼父苦苦哀求，而我則在樓下生悶氣，因為我沒辦法繼續監視湯瑪斯。接著我聽到媽拖出行李箱，大吼著催我開始打包行李。她威脅說要離開，並且打電話給她在旅行社工作的朋友愛麗絲，說要訂班機回加拿大。

我驚慌起來。如果我們現在就離開，湯瑪斯永遠都沒機會愛上我，媽就要把我的浪漫史詩扼殺掉了。我想都沒想，就騎著單車出發，狂亂地踩著踏板，衝回湯瑪斯的家。到了那時，客人都散會離開了。湯瑪斯送女友去搭公車，剛剛回到家裡來，人正在院子裡，對著我微笑。那就是我的徵兆，我當面告白了。

「湯瑪斯，我必須走了。我不知道什麼時候會再回來，如果還會回來的話。我希望讓你知道我愛你，而且總有一天我們會在一起。」

湯瑪斯很善良。他溫柔地拒絕了我，告訴我，我對他來說太小了，不過總有一天，我會讓某人非常幸福的。我卻聽成了：**總有一天妳會讓我非常幸福**。我騎車回家，夢想著我倆未來的共同生活，策劃要怎樣讓賴嬸嬸收養我。等我回到家的時候，媽跟繼父已經化解了兩人的紛爭。賴嬸嬸邀請他們回去吃「宵夜」，就是半夜的點心，這在我們的文化裡很尋常，尤其在週末期間。我又要見到湯瑪斯了！

我們一走進門，彼得就開始哈哈大笑。他母親吼他，要他停下來，可是她自己也咯咯發笑，賴叔叔也是，還有珊卓也是，她是彼得跟湯瑪斯的姐妹。除了湯瑪斯之外，每個人都在笑。起初我很困惑，不過我很快就領悟到，原來湯瑪斯之前對我露出的……是同情的微笑，接著進而意識到，大家把我當成了笑柄。因為彼得那個混蛋偷聽到我的愛情宣言，想當然也就散播給全世界知道了。他才對著自己家人放送完畢，現在正準備對我家人播送。我恨不得躲進地洞裡，情勢即將每下愈況。

媽笑到無法自拔，前俯後仰，最後還笑到噴淚，她覺得滑稽極了。老天，我氣炸了，而且驚恐不已。因為到現在我已經摸透了她的作風，我知道我永無寧日了。我很清楚，我不僅當不成湯瑪斯的女友，而且到了夏末，我會成為咕咕雞最愛的笑話。她隔天在打麻將的時候，就拿這件事來說笑。她在外婆家的時候，也拿來開玩笑。直到我搭上回加拿大的飛機之前，她都拿來當笑話，一講再講。即使我絕望地哀求她，別再講這件事了，她還是照開玩笑不誤。我求她別再糗我了，我求她別再跟任何人說，我還沒把自己的感受想個透徹以前，就怎樣跑去倒貼湯瑪斯。

「噢，原來妳是去倒貼人家了啊？」

沒錯，我就是倒貼人家了。

「唔，那麼下一次妳決定要做那種事的時候，最好先確定，讓全世界都知道也無所謂。如果妳沒辦法接受，那是妳的問題，不是我的問題。」

事後回想，我並不在意人人都知道我少女時期對湯瑪斯的狂戀。就那次而言，我找錯對象、白白付出熱忱，還能用少不更事來當藉口；我陷在缺乏自覺的焦慮當中，也可以歸咎在天真上面。但是，艾倫的事情，我又有什麼藉口？還有其他對象，我又有什麼理由？

我們都有過讓自己事後懊悔的戀情。我們大多數人會替自己合理化，將懊悔視為學習經驗。我們大多數人都瞭解，那些學習經驗可以幫助我們未來免於悔恨。咕咕雞對懊悔跟戀情的觀點，尤其是**我的**戀情，態度並沒那麼大方。她的看法是，如果一開始看起來像毒藥，妳又何必先吞下毒藥，才明白是不是真的有毒？因為到了妳把它吞下的時候，一切可能都已太遲。有些有毒的感情事後留下的，不只是單純的懊悔，而可能會永遠更改妳人生的路線。就我的愛情生活來說，她讓自己化身為瓶子上的人型危險警告標誌——功能有如我的情路路障，她竭盡手上現有的每項資源，決意將我的心導往正確的方向。

我十五歲的時候，認識了大我幾歲的男生冠，他就住我們在香港的社區裡。我朋友坎蒂常跟一群小鬼玩耍，我回香港過暑假的時候，她把我介紹給冠。他是個壞男孩，我馬上受到了吸引。有天晚上他想看電影，希望只有我們兩個去就好。所以我騙媽說我要跟坎蒂碰面，然後就騎腳踏車出發了。我跟冠在電影院裡牽手接吻。那天晚上我準時回到家，她問我剛剛上哪裡去了。去看電影啊。**妳跟誰一起？**坎蒂啊。即使話一脫口而出，我就知道她知道真相——而且我曉得我完蛋了。

咕咕雞不只感覺我不誠實——還找人來跟蹤我，來證實她的感覺。我說過，媽是在當地的幫派份子跟執法人員之間長大的。她四處都有眼線，只要開口要求，他們都不在意替她做點監視工作。所以咕咕雞還真的找了人當情報員來對付我，揭開了我的非法少女浪漫情事，後來她就再也不准我跟冠見面了。

跟冠交往的時候，我年紀還小，媽還可以主導整個情勢的結果。但隨著我越來越獨立，她能插手干涉的事情也越來越有限。不過，她還是扮演著半路程咬金的角色，有時還親自出馬，而我則不停衝破她設下的障礙。如果冠的狀況是僥倖脫險，艾倫只是迷你事故，那麼，鮑比就是個巨大撞擊。

我跟鮑比在大學原本也是普通朋友。當我倆的關係更進一步的時候，我們不想替兩人的關係貼上任何標籤。當時我跟艾倫才分手不久，而鮑比也剛走出一段長期的感情，我們都想隨性一點，不要投入太深。況且，我也快畢業了。那是我大學的最後一年，我沒興趣在暑假期間跟某個男人膩在一起，更何況是九月還要回學校上課的男生。幾個星期以來，我跟鮑比會連續好幾晚一起打發時間，但就是不把兩人的關係提高到另一層次，我們都假裝這種作法相當實際。有幾次，我們甚至刻意分開，只是為了證明我們辦得到；彷彿只要不共處一室，就表示我們不想在同一個空間裡。我們顯然就是陷入愛河了，而且樂趣橫生。起初，我們之間存在著那種張力，既刺激又新鮮。我剛讀完大學第四年，我是家族裡第一個完成大學學業的，在我爸跟我媽兩邊的家庭都是。我父母非常以我為榮。我是他們的獨生孩子，他們知道只有這麼一次機會，而我辦到了。現在夏天到了，我自由了，我卻跟鮑比難捨難分。只是，在我倆開始交往以前，我早已計畫夏天到洛杉磯拜訪朋友，現在我卻發現自己不想離開他身邊。

我出發了。我應該在洛杉磯停留一週，但是五天過後，我決定改機票提前回家。當時鮑比的父母不在家，他一人獨享整棟房子。我的計畫是提早回多倫多兩天，先跟他過個週末，最後再回爸媽家，反正他們也不知道差別。鮑比來機場接我。我也很狡猾，我常打電話回家，但撥號之前先隱藏電話號碼，我以為她完全深信我人還在洛杉磯，可是她的第六感又發功了。

不知為何，媽就是知道我背著她跟鮑伯胡作非為，就像她知道我偷偷跟冠交往一樣——那不只是母親的直覺，而是種病態的天賦。我跟鮑比享受了一整天純粹的美妙時光之後，電話鈴響。當時我正在看電視，他回到客廳裡，告訴我咕咕雞在線上，我嚇得魂飛魄散。可是到了那個時候，我已經愛鮑比愛到難以自拔，非常不願意離開他的身邊。我下定決心還是不要回家，於是鼓起勇氣面對那個聲音。我準備面對她的震怒，但她的語調卻是死板的：「妳還安全嗎？」她只問了這個。

所以她這次出的是罪惡感這招。我馬上明白，她聯絡洛杉磯那方卻遍尋不到我，一定非常擔心。我沒跟任何人說我要去哪裡，就這樣憑空消失不見，真是太不負責任了。在那一刻，我看出自己有多麼自私，竟然如此耽溺在自己的激情裡，完全沒考慮到媽的感受。不過，跟多年前與冠來往的那次不一樣了，這一回我想公然違抗她。或者說，走到這個時間點，我早已無藥可救地深深愛上鮑比，這點取代了其他一切，連咕咕雞對我的掌控也難以匹敵。那是我這輩子頭一次反抗她，而且如此明目張膽。我在他身邊待了整整兩天。

那天傍晚，我終於猶豫不決地回家去。我之所以猶豫，並非因為不想面對她，而是不想離開鮑比。媽聳聳肩，彷彿幾乎沒注意到我曾經出門。在那個節骨眼上，她另有心事。媽在我開始跟鮑比交往的前一年，就診斷出了會影響腎臟功能的柏格氏症。媽的兩顆腎臟都已經停擺，她每天在家自己進行腹膜透析，也因為感染以及其他的醫療急救而不停進出醫院。咕咕雞面臨了健康危機，而我滿腦子卻全是鮑比，完全在狀況之外。爸當時還沒退休，所以他白天在辦公室的時候，她就獨自打發時間。夜裡，爸為了隔日早起出門工作而上床就寢之後，媽又落得形單影隻。此時，他們早已分房睡覺，因為媽整晚都睡得很不安穩。

她病痛纏身，心裡相當害怕而且孤伶伶的。然而就像那麼多家人跟她鍾愛的人曾經拋棄她一樣，女兒也要棄她於不顧了。我完全派不上用場。那年夏天，我一心只想跟鮑比耳鬢廝磨。有好多個夜裡，我陷入兩難狀態，看到她在自己的臥房裡，身上連著機器；器官失靈的地方，就由機器介入協助。她灰撲撲的臉色透露憂慮寂寞，不過我還是硬著心腸，打開家門又關上，隨手鎖好之後坐上鮑比的車。我拋下她不管，靈魂因湧出悔恨而疼痛，但是一等他開出車道，我就忘掉那種悔恨之痛，取而代之的，是握住他的手所感到的暖意。我們出發了，自私又自溺的戀人，直到黎明才返家。

夏天剩下的日子裡，媽完全沒有干涉我跟鮑比之間的事，但她知道這段關係非得結束不可。因為鮑比還要一年才大學畢業，而我必須開始找工作，或者說，父母預期我會開始找工作。對於我的這段關係，媽也許不得不勉強接受，不過她可不打算金援我以表示支持。一等他離家返校之後不久，我就在一家小保險公司找到短期工作。日子過得百無聊賴，漫長到折磨人的地步。我跟鮑比每逢週末都會見面，他真正的生活是在校園裡，於是我的生活只存在於週五到週日，也就是我倆共處的時光。這種遠距離戀愛談了幾個月之後，我再也受不了。有個週末，我跑到他的學校去找他，決定乾脆不回去工作。既然我們分隔兩地的週間，我都沒什麼消費，攢下來的錢足以讓我在無業的狀況之下放鬆幾個星期，跟他一起住在校園裡的公寓。我身上的錢可以讓我撐到放長假為止，所以我想等一月再開始工作就行了。

媽無力表達抗議之情，爸也不願跟我當面對質，免得惹她更不高興。況且，他的全副心思都放在改善她的病情上。腹膜透析的功效並未達到醫師的期望，他們計畫替她換成血液透析。而這必須先經由手術，在她的左手臂上建立動靜脈瘻管，好讓血液能夠穿過機器，實質上就是要機器代替腎臟發揮功能。既然她沒有反對，我就開開心心在鮑比的公寓裡懶散度日，慢慢失去了自我認同。

接著耶誕假期到了。鮑比回家去，我也回到自己家。媽的狀況已經穩定下來，她正在蓄積體力，以便應付來年的動靜脈瘻管手術。我利用她短暫好轉的病情，說服自己，既然她病況有了改善，那麼我就能跟鮑比一起消磨更多時間；只要鮑比邀請我去參加他的家庭聚會，我也都能接受了。一月到了，儘管我手頭的錢都用光了，我還是坐上他的車，跟著他回校園去。六個星期過去了——時間在熱戀的迷霧之中蒸發不見，轉眼就是二月，距離我考完大學最後一場測驗已經過了將近一整年，而我的人生依然一事無成。

我跟鮑比回多倫多過春假。他想去玩單板滑雪，但我身上一毛錢也不剩，而媽又不提供金援。我氣急敗壞，不想錯過能跟他共處的任何一天。為了繼續黏在鮑比身邊，我上當鋪去籌錢，將媽送我的二十四K金項鍊賣掉。這件事很快也被咕咕雞逮到了。凡是跟我有關的事情，她詭異的心電感應就會再次發威。滑雪之行結束之後回到家，我放下衣物、拿了幾樣東西，打算再度出門的時候（當然又是跟鮑比），她馬上就搜尋起來——尋找那條已經不掛在我脖子上的項鍊。我不用開口告訴她，她就明白我幹了什麼好事。咕咕雞終於受夠了。她之前靜靜看著我平白浪擲了六個月的時間，終於斷定放聲大叫的時候到了。

我有種風雨欲來的感覺，於是連忙拔腿奔上樓，去拿逃家需要的用品，想說等會兒或許能在場面不至於太失控的狀況下，順利下樓出門去。不過，等我回到樓梯底階的時候，她已經趁空重步衝去廚房、抄起刀子，穩穩站在前廳，擋住我的去路。

咕咕雞就在那裡，身穿睡袍、頭髮散亂，嗓門跟以往一樣響亮，從屋子的每堵牆壁上反彈回來。她眼神狂亂，老實說，她的眼睛很久沒這麼有神了。她握著刀子抵住自己的喉嚨，爸則是站在她身邊，懇求她鎮定下來，卻只是白費功夫。

「如果妳再出門跟那個小子走，我就當場死給妳看，我就死給妳看，我就死給妳看！」

那是場技巧高超的演出。我記得即使在當時，我也在心裡暗想，真的，她的演技好到可以得奧斯卡了。這是罪惡感的終極絕招，最頂級的罪惡感招數，罪惡感招術裡的超級盃。有多少母親因為痛恨妳的男友，而有那種膽量威脅要自殺？我記得當時不情不願地暗地佩服她的舉動。

她總不可能在我的面前自殺……對吧？可是話說回來，我這輩子看著媽出於策略而付諸不少讓人意外的行動。不過，單是一絲懷疑就已足夠。這就是她在意志大戰裡的王牌，咕咕雞一直在等待亮牌的正確時機。

這手牌，媽是贏了，我最後留在家裡。那天更晚的時候，當整個情勢漸趨平靜，她過來找我深談。我正生著悶氣，忿忿難平，但主要還是因為沒跟鮑比在一起而心急難耐。我擔心，他正享受著沒我陪伴的快樂時光；我擔心，他會想要過更多沒我陪伴的快樂時光。她感覺得到我的焦慮，也明白焦慮的起因。

「他不會愛妳太久的，妳知道吧？他不會愛妳，因為現在的妳並不值得別人愛。」

咕咕雞告訴我的是，我是個窩囊廢。我確實是，只是還沒準備好要對自己承認這點。我過於倔強，無法承認媽說得可能沒錯。況且，在當時，我也不覺得她處理自己感情的手法又高明到哪裡去。如果我是個窩囊廢，我也是從她那裡學來的。畢竟，就搞砸感情這個領域來說，她自己可說是個搖滾大明星了。

媽那麼多年以前離開爸的身邊，就因為當時他太不成熟，在他家人聯手欺負她的時候，無法挺身對抗。於是她轉而跟叔叔在一起，叔叔承諾她說會提供安全跟忠誠，最後卻背著她出軌。叔叔是很軟弱沒錯，而且顯然缺乏個性；不過，同時，他也從來就沒有勝出的機會。因為叔叔不是爸，而且媽自己一路都愛著爸。叔叔知道她向爸承諾過，要是哪天他出人頭地，她就會回到他身邊。而就在爸實現承諾的時候，叔叔就搞砸了兩人的關係，這時機不是挑得正好？叔叔給了媽一個出口。

我父母仳離的時候，我六歲。他們分手的當兒，我在場。他們踏上復合之路的時候，我十六歲。兩人團圓的時候，我也在場，這點毫不誇張。

叔叔的不忠東窗事發之後，媽跟他說她需要一點時間考慮要怎麼選擇，於是回到加拿大來。我跟爸本來就計畫好，要跟他的事業伙伴莎莉、唐與他們兒子史考特，一起進行為時四天的公路之旅。媽決定加入我們的行列。雖然我們要去紐約，但是要在紐澤西過夜，因為那裡的旅館比較便宜，而且咕咕雞想到紐澤西的大西洋城賭博。每個家庭各住一間房，裡面有兩張雙人床。我跟媽睡同一張，爸睡另一床。假期最後一天的半夜，我因為聽到噪音而醒了過來。

床鋪嘎吱作響。

沉重的呼吸。

肉體的觸擊。

我爸媽竟然在距離我兩英呎的地方辦事。

如果你覺得我會留在原地、默默吞忍，直到事情結束為止，那你就是瘋了。我、才、不、要！我一領悟到他們在**距離我兩英呎的地方**做愛時，我就放聲尖叫，跳下床鋪，把自己鎖進浴室裡。之後就是一陣騷亂。爸開始搥打門板，求我開門，一面連聲道歉。我對他們大吼，說我痛恨他們，說我永遠再也不想跟他們講話了，都是些青春期的典型狠話。接著爸開始哀嘆：「我們永遠毀掉她了！我們永遠毀掉她的人生了！」

而咕咕雞呢？對她來說，這只是個平凡無奇的夜晚。彷彿一個女生在該死的紐澤西汽車旅館裡，睡在操他媽的爸媽隔壁，發現她爸媽也真的在「操」，是再尋常也不過的事。

她等我歇斯底里的情緒平息下來之後，先將爸勸開，接著鎮定又權威地提醒我，我們隔天早上得要早起，所以可別太晚上床。就這樣。前一天我在香港有個繼父，隔一天我父母又在一起了。我以父母離婚的單親孩子身份度過了十年光陰，現在十六歲，他們卻期待我在沒有合理解釋或告知的狀況下，投入並適應「完整」的家庭生活。

七年過後，身陷自己的愛情泥沼裡，我拿咕咕雞自己感情的爛攤子挑戰她，即使為了鮑比，我就算是拋棄了一切，但她也沒什麼資格評斷我。

不意外的是，媽毫無悔意。

「如果妳覺得我犯了錯，那麼妳為什麼不試著做得更好？至少我會搞出爛攤子，都是有理由的。我來自一無所有的背景，我沒什麼本錢可以發揮。妳明明有那麼多可以發揮的才能，卻還是把自己變得一無是處，鮑比不會留在一無是處的人身邊。」

他的確沒有。不像我，他早就擬好大學畢業之後的計畫。他已經得到海外教學計畫的參加許可。我這個可悲的傻蛋，竟然還想跟著他過去。我們說好他先過去，我在一個月之後再跟他會合。不過，他跟他母親經過漫長的討論之後，他在出國之前的兩星期告訴我，他決定隻身前往。很諷刺吧？

鮑比的母親相當以她兒子為榮。他得到了學位，充滿機會，還在備受敬重的教育交換計畫裡找到了短期工作，可以在異國環境裡磨練工作技能。但他有個女友一整年都在閒晃，為了去滑雪，還必須典當珠寶。所以她問他——他真的想要跟一個不成器的人攜手開啟生命的新篇章嗎？

我已經正式被歸類為不成器的人了。

而且評斷我不成器的，還不是我自己的母親，而是別人的母親。能夠持久的，就是羞恥感，你知道吧？羞恥感比心碎感持久多了。這就是為什麼咕咕雞花了那麼多時間羞辱我，無論是在家裡、在烤肉會或是當著眾人的面。她懷著愛來羞辱我，就是希望我可以避免被陌生人、被認定我不夠好的男友母親羞辱，就像她丈夫的家人試著貶低她、百般羞辱她那樣。

我這才意識到，悲劇不在於鮑比離開我。最深的打擊是，我從跟鮑比交往的經驗裡，領悟到咕咕雞的最深恐懼：我變成了她；更糟的是，我原本根本沒必要踏上這條路。媽給我一切機會，讓我避免成為無能為力的人，永遠不必仰賴男人的鼻息生活。可是我卻自願任由男人支配，就像她似乎總是落入任憑男人擺佈的境地。這個威風凜凜的女人，這個看似所向無敵的火鳳凰，擁有我認識的人裡面最大無畏的精神，原來一點都不希望我像她。

沒有什麼比知道關於你母親最黑暗的真相，更挫人銳氣的了。咕咕雞最黑暗的真相就是：她相信自己就是那個不成器的人，而且基於這樣的信念，她更希望我能夠成大器。她並非不成器，這點就要由我來證明，而起步就是要愛得更聰明——對我們兩人而言都是。

我跟亞塞克在工作上有了短暫的接觸，都還不算真正聊過，兩天之後，亞塞克就回家跟他母親提起我。打從一開始，我對亞塞克來說就不是個不成器的人，那就是為什麼他對咕咕雞來說，也從不是個不成器的人。

她伸手要錢的時候，亞塞克面不改色；即使還搞不懂讓人迷惑的種種風水算命要求，他還是照單全收。二〇〇八年的耶誕節，我們到香港去探訪我爸媽。我們出門觀光之前，媽要我隨身帶件毛衣。當時天氣暖烘烘的，我不想帶著衣服到處跑。亞塞克雖然揹了個斜背小包包，卻也不想帶著衣服到處走。她暗示說他真懶、不是好老公，就因為怕不方便而寧可冒著讓老婆著涼的危險。理所當然，他相當氣惱，但他沒放在心上，也沒正面挑釁她。他一笑置之，拿起毛衣塞進包包，化解了一時的尷尬情勢，而且為了改變氣氛還調侃了她一下。藉由這些微小的舉動跟他敦厚的順從，他一一通過了她的試驗。

亞塞克一路承受媽的眾多試驗。他受邀來到我家的時候，通過了第一次試驗。媽的醫生當時正在監控她的腎臟功能。他們必須評估她在二十四小時期間所排放的尿液，於是她一直往罐子裡排尿，罐子就收在浴室水槽上方的櫥櫃裡。爸當時正在忙別的事，沒辦法替她拿放在上頭的罐子，而我在廚房裡，就聽到她要求**我的新男友**：

「亞塞克，你能不能幫我一起弄二十四小時的尿尿？」

我並未驚慌失措，也沒有猛衝過去、嘴裡喃唸幾百萬種藉口。女孩的母親竟然開口商請百分之百的陌生人幫忙處理尿罐。我並不擔心他會因此要鬧分手，但這傢伙竟然能以平常心來處理媽的尿罐，這點倒是讓我折服，咕咕雞也有同感。當然，那種要求很不平常。可是他想幫忙的欲望，超越了他的不自在。他不會因為那個要求而難為情，因為他心裡想的不是自己。他只是想，這位婦女顯然是病了，需要他的協助。亞塞克證明自己不是個自我中心的人，他對她二十四小時尿液的反應，顯示他有足夠自信，不會為了自我而破壞關係；也證明他足夠成熟，不會凡事斤斤計較。他本身足夠堅強，因此跟剛強的女性相處時，不會減損而反倒增長了他的男性氣概。還有，他有同理心。針對她的要求，他能夠自行想通背後的成因，暫且存疑而不下定論——他認為要不是她目前健康出了問題，也不會要求他幫忙處理她的二十四小時尿液。

她曾經在住院期間萎縮到剩下九十五磅，既害怕又疼痛，掙扎著用英文跟找不出折磨她病因的醫療團隊溝通時，亞塞克就陪在她身邊。當時還沒診斷出她患有POEMS症候群，而我當時因為工作而必須出差，媽堅持我不要為了她的健康問題而危害自己的事業。所以亞塞克從溫哥華飛到多倫多，在她的床畔待了一個星期輪白天班，好讓爸晚上能在病房睡覺過夜。亞塞克在房間中央架起自己的工作檯，在她口渴時把吸管湊到她嘴邊；負責跟醫師討論下一個療程；在她意志消沉的時候提振她的精神；要她把自己的人生故事告訴他，以便轉移她的注意力。咕咕雞在生死交關之際，有了個兒子可以支持她、替她撐腰。亞塞克之於我，就是媽等待了三十年、盼望爸成為的那種丈夫。

咕咕雞直到面臨死亡威脅的時候，才真正體驗到婚姻帶來的滿足感，這到底算是偉大的愛情故事，還是悲傷的愛情故事？爸在年輕的時候曾經讓媽失望，在面臨家族的衝突時，無法捍衛她跟他倆的關係。不過，他在克服自己的不安全感之後，試著向她展現，他倆可以攜手團結、面對障礙，並且向她保證，等她回到他身邊，情況就會有所不同。但是就她那種愛記恨的天性，加上受到這輩子以來感情背叛的制約，要她寬恕別人是難事一樁。她病倒以前，每次只要爸情緒一壞，或是每逢兩人爭吵，她就會挖出過去的瘡疤，將他的不足之處列舉出來，一次次重提他曾經辜負她的事件、他不替她挺身說話的時刻。媽無法「忘掉過去」，這個特性就跟爸昔日的缺點一樣，對他倆的愛情都有很大的殺傷力。

媽在等待專屬她的戰士。就在她認為自己的人生完蛋的時候，他出現了。媽離開爸之後的整整十年，爸都是單身。工作上有同事想替他撮合，他也曾經跟某個有興趣進一步發展的女子有過幾次晚餐約會。媽事後告訴我，那個女子催促爸更進一步的時候，爸卻辦不到，因為我是他的第一要務。而他在等待。爸在等待咕咕雞回來。每天晚上他都苦讀到隔天凌晨兩三點，然後起床開車載我去上學，而且盡可能多兼點工作。每當他覺得疲憊想放棄時，就會想起自己的動機：媽承諾說，等他配得上她的時候，她就會回來。媽就是他的動機。媽向來是他唯一的動機。並不是說爸對我的愛，比不上對她的愛。不過，爸的人生——他的快樂，他的夢想——從來都不是取決於我的人生。他明白也接受，我會在獨立於他的狀況下，實現屬於自己的人生。但是，他的人生實現卻跟她有著解不開的連結。

爸在她生病期間，找到了自己的救贖。從早到晚，他都在醫院陪伴她。護士們說，我們從沒見過如此忠心耿耿的丈夫。他替她更換尿布，清理嘔吐物。他原本就長得瘦小，卻把她攬在懷裡，在走廊上來回走動，因為她坐輪椅時，骨頭撞到鋼鐵時會很痛。即使他細瘦的手臂因為肌肉痙攣而發抖、雙腳因為承重而搖晃蹣跚，我卻在他的臉上看見決心。**現在讓我替妳付出吧**，他所表達的是，**把我踏出的每一步，都當成我過去每次讓妳失望的道歉**。他把她摟在懷裡的時候，他們就會一起作夢，共同規劃康復之後的生活要怎麼過。

等妳好一點的時候，我們就去這邊……

等妳可以再走路的時候，我們就做這個……

我以後還能走路嗎？她問。

妳一定要再走路，他會回答，**妳是我的唯一。妳是我一直以來的唯一**。

這就是我父親最黑暗的真相：他或許不是一直都懂得怎麼留住咕咕雞，但她是他唯一想要的。

媽終於覺得自己是受人渴慕的對象。

好低級

我大一的時候，暗戀過一個女生。不是所謂的浪漫愛情，而是女生喜歡女生的柏拉圖式愛慕：我們想打扮得跟她們一樣、模仿她們的儀態與言行、結交她們擁有的那種朋友、希望**成為**她們。我稱她為安娜貝爾，因為安娜貝爾是我當時最喜愛的名字——而且她看起來就像安娜貝爾：擁有信手拈來的自信，在任何環境裡都能從容自如，是人人都想親近的對象。

我第一次看到我暗戀的女生，是在西安大略大學的D. B.威爾頓圖書館裡。當時是開學的第一個月，我還有上課的動力，還會乖乖讀書，但不是因為我全心獻身於學業，而是因為扮演「大學生」這角色還滿有趣的。身在圖書館，就像電影場景——

在蒙太奇組合而成的畫面之間，可以找到某個薇諾娜．瑞德[29]類型的主角，正在細讀珍．奧斯汀的小說，背景同時放著歌手仙妮絲[30]的〈我愛你的微笑〉。

可是，假裝自己的生活是齣浪漫喜劇的電影蒙太奇，很快就會令人生厭。假裝讀書這件事正讓我開始覺得無聊的時候，我頭一抬，她就在我眼前，我痴迷的新對象，就是能在我電影蒙太奇裡面扮演薇諾娜．瑞德角色的女生，她正朝著我的桌子大步走來。

她留著一頭波浪棕色長髮——厚實濃密，就是我向來想要的髮型——橄欖色的柔滑肌膚；散放暖意的綠眸大眼；完美的牙齒；臉上散落幾點雀斑；雖說天氣已經涼爽起來，皮膚依然透著討喜的夏日古銅。還有，她的衣服也很不可思議：古銅色的薄毛衣，搭配卡其長褲跟馬靴。她的手臂在胸前交叉，摟著皮製背包跟課本，後頭

[29] 薇諾娜．瑞德（Winona Ryder，一九七一～），美國女演員。

[30] 仙妮絲（Shanice，一九七三～），美國女歌手。

跟著兩個衝浪型的男孩。我決定等我死後輪迴，就要用那種模樣返回人間。

原來我佔用了她平時的座位。不過，她沒說出什麼惹人厭的話來。我的安娜貝爾相當友善：「噢嗨，以前沒在這裡看過妳，妳是大一新生嗎？」安娜貝爾坐了下來。我覺得自己像個窩囊廢，在露出溫和的笑容，點點頭之後，繼續心神渙散地讀著法文。

幾分鐘過後，我已經到達忍受的臨界點。我知道如果我繼續待在原地，最後就會開口求她當我的朋友。於是我把東西收好之後就離開了，我寧可在她不知情的狀況下悄悄注意她的動向，我接下來的幾個星期就是這樣。我想我為了監視她，甚至還蹺掉了幾堂課。我對她的跟蹤不會持續太久，一次最多十分鐘。這樣就足以讓我看到她都跟什麼人打交道——總是很有趣的一群人（他們常出去玩耍，但也不是百分之百的廢材），而且足以讓我看到她平時的活動以及她的模樣。她每次都很完美，直到某次一切都變了調。

當時是十二月，正逢考試季節。大家的神情都有些苦惱、皮膚乾燥。當然，只有我的安娜貝爾是例外。她戴著俏皮的眼鏡，皮膚還是一片水嫩。當時是傍晚，我在大學活動中心的美食廣場裡稍事休息，面對圖書館的方向。戶外細雪飄飄，她翩然走了進來，身穿羊毛黑外套，髮絲沾著點點雪花，臉龐因為寒意而發紅，有如電影《愛的故事》㉛裡的艾莉麥克勞㉜。我肚子餓的時間還真是挑對了，我**好**開心。

她跟幾個朋友同行。他們點完餐之後就在大廳另一側的桌旁坐下，面向前方，我可以看到她的身體側面，因為她坐得離我最近。就在那時發生了。就在那時，我看到她做了那件事，她做了那個腿的動作。她邊吃東西、邊上下抖腿，時時輕晃不停。我完美無瑕的偶像，原來是個會抖腳的人，就像媽以前老在元朗街頭上，用鄙夷的態度指出來的那些毒蟲。我餓肚子的時間大錯特錯，我**真是**氣壞了。我完美無

㉛《愛的故事》（Love Story），改編自同名暢銷小說，描述富家子弟不顧父親反對，與麵包師傅的女兒相戀的故事。

㉜艾莉・麥克勞（Ali MacGraw，一九三九～），美國女演員，曾因《愛的故事》提名奧斯卡金像獎最佳女主角。

瑕的偶像，安娜貝爾，竟然是個低級的人。

低級是咕咕雞用來形容粗鄙行為的字眼。抖腳是個粗俗的動作，抖腳毫不優雅，毫不細緻。我還小的時候，有幾次抖了腳，媽就朝著我的大腿賞來一掌，用致命的眼神狠狠瞪我，當然連帶高聲斥責我：「好低級。我不管妳是不是女王，如果妳抖腳，就跟在街角遊蕩的那些下流東西沒兩樣。」

媽早早就限制我抖腳了。然後換我開始評斷那些會抖腳的人，就像安娜貝爾。抖腳事件過後，對我來說，安娜貝爾算是死了。抖腳成了破局的起因，不只在對女生的暗戀上會起作用，也會影響男女之間的浪漫戀情。我曾經在晚餐約會到一半的時候嘎然喊停，就是因為對方會抖腳；我曾經是某位男電影明星的大粉絲，直到他在我們的訪談裡抖腳為止，在那之後，我就不再看他的電影了。由於咕咕雞把抖腳列為低級行為，所以我對抖腳的排斥程度，跟她不相上下，不過我在表現出自己的鄙夷時低調許多。安娜貝爾永遠都不曉得我已經不再在乎她（我希望她永遠也不知道我一開始在意過她），媽則是固定會到處對那些做低級事的人發出低聲怒嘶。她低級動作排行榜的頭幾名包括：

邊走路邊抽菸

媽抽菸一直抽到了將近五十歲，直到腎臟開始衰竭為止。可是她向來只坐著抽菸。以坐姿抽菸的人，作風淑女，也很優雅；每次吸啜之間，態度從容雅致地縱情於這個習慣之中。邊走路邊抽菸的人是皮條客、在犯罪事件之間遊走的幫派份子，或者是在嫖客之間奔走的妓女。

媽也認為嘴巴啣著香菸講話很低級，並認為有教養的人會在吸啜之間等待，然後在說話之前先把煙霧呼出來，而不是讓話語跟著香菸一起垂在唇邊。我舅舅的前妻海蒂，以前老在麻將桌上叼菸講話。海蒂是個嗓音低沉的粗野女人，過去曾經在治安敗壞城區內的可疑酒館裡當過酒保。她心地不壞、一片善意，可是儀態糟糕透頂。媽總是在糾正她的低級行為。不管她何時含菸講話，媽就會馬上狠狠唸她，有時候甚至跟她說，難怪她老公會離開她。海蒂只是笑了笑。她的積習已深，難以改變。雖然她跟我舅舅已經仳離，但跟媽還是朋友。事實上，咕咕雞喜歡她的程度，可能更勝於喜歡自己的弟弟。海蒂邊講話邊抽菸的低級行為，並沒有讓友誼破局。有些低級的行為可以用個性加以平衡抵銷，而海蒂有顆善良的心。不過，其他的低級行為，是重大性格缺陷直接造成的結果。而那樣的低級，永遠都不可原諒。

噘嘴

我從來不曾跟咕咕雞到法國去過，可是我總是在想，她如果人在巴黎，會不會一天到晚因為別人的低級行為而大聲嚷嚷。不過，話說回來，看在法國是名牌國度的份上，搞不好她的態度會寬容一點。可是，法國女生向來以噘嘴聞名。按照咕咕雞的說法，不管是噘嘴，或是用任何方式抽動嘴巴，就像當今有很多人在社群媒體上貼「鴨臉[33]」自拍照（嘟起嘴唇，彷彿要給人一個最肥最濕的吻），是超級低級的行為。在媽的心裡，主要因為這種行為暗示著噘嘴的人很色。

我童年跟少女時期都常噘嘴：當我心情很壞、當有事不順我的意、當附近有個可愛的男生而我想故作成熟的時候。可是，當妳跟自己想引起注意的傢伙同桌，卻有人告訴妳，妳看起來好像準備替人吹簫的妓女，這就是最能打消妳噘嘴念頭的狠招。這種情況就發生在我十四歲時。我們當時在香港的鄉村俱樂部，跟打麻將的阿姨與她們的家人聚餐吃晚飯。有個梁太太的兒子比我大一點，二十歲左右，平常在英國上大學，這次回家來過暑假。大衛穿著時髦的粉紅襯衫，將衣領往上翻，髮型梳得跟喬治麥可[34]一樣（當時是八〇年代，我有什麼辦法？）最後，我們跟梁家同坐一桌，讓我興奮莫名。我自然裝出了無動於衷的酷樣，整頓飯之間寡言少語、故作無趣，在一口口之間學模特兒那樣噘著嘴——琳達、娜歐蜜、克莉絲蒂[35]——她

[33] 鴨臉（duck face），指嘟嘴時，嘴唇做出像是鴨子嘴喙的模樣。
[34] 喬治．麥可（George Michael，一九六三～），英國男歌手。

們的影像貼滿了我的臥房，都是從《Vogue》跟《Elle》雜誌撕下來的。咕咕雞顯然感覺不到我刻意營造的那種神秘誘人、世故練達的女性氛圍，反而說：「妳是怎麼搞的啊？嘴巴幹嘛一直那樣？我都叫妳嘴巴別那樣了！只有想替男人用嘴服務的女人，嘴巴才會一直那樣。」然後，對著其他人說：「我最討厭嘛嘴的人了。好低級。」

我沒臉紅，我在生理上就是無法臉紅。那一瞬間，我為了這點而滿懷感激。正如一般少年少女會有的反應，我謊稱自己身體微恙，以便先騎腳踏車回家，把剩餘的夜晚時光都花在思考如何自殺上。不用說也知道，那年夏天接下來的日子裡，我躲大衛躲得遠遠的，再也不曾見過他。

斜倚

媽討厭斜倚身子的人，程度有如她討厭嘛嘴的人。有天，我跟媽把車停在7－11

超商想買些零食，有些青少年在外頭流連不去。她開始嘀咕說他們有多低級，說他們的父母一定很差勁。我當時十二歲左右，年紀比我大、風格比我酷的孩子，在在讓我著迷不已，我實在看不出有什麼問題。她強調說，他們當中有一半都斜倚在超商側牆上，這樣很懶，沒辦法站直身子的年輕人就是懶鬼。全世界都可以看出來，他們倚著身子、懶惰無用，毫無生產力可言。而教養良好、家世優良的人，不會斜倚著身子。

穿著皺巴巴以及（或）低胸衣物

媽什麼都要用熨斗燙平，甚至連毛巾都熨整。她花很多功夫在裝扮上，即使只是

㉟ 琳達（Linda Evangelista）、娜歐蜜（Naomi Campbell）、克莉絲蒂（Christy Turlington），三位都是當時知名的模特兒。

出門買點雜貨，也總是穿著熨過、一點毛球都沒有的乾淨衣物。對咕咕雞來說，一切都跟外貌息息相關。

「大家會以妳第一次出現的模樣來評斷妳。」我以前去面試工作之前，她總是這樣說。她總是以第一印象來下評斷。皺巴巴就是丟臉，皺巴巴就是低級。自願穿著皺巴巴衣物走來走去的人，並不在乎自己，所以不可信任。亞賽克第一次跟我父母見面的時候，我就一直對他嘮叨關於衣服皺折的事。如果他穿著皺巴巴的衣服現身，我知道她第一眼就會討厭他。結果弄到最後，他不僅熨了自己的牛仔褲，甚至連毛衣都燙平了。

在那之後我就學到，對於低級的舉止，不同的文化各有不同的標準。亞賽克的波蘭裔父親認為，男人把手插在口袋裡站著，就是低級。我不見得同意，但可以明白這種舉止為何會冒犯到想法傳統的人。把雙手插在口袋裡，態度既不大方，也不禮貌，彷彿想隱藏什麼似的，是不透明的。換句話說，就是低級。

但是話說回來，你也不會想展露過多。對咕咕雞來說，露乳溝就是過份。比起西方人自在地展露身體，華人女性在個人風格上則是相當保守。媽相信，從女人打扮的方式，可以看出她有多隨便或多不隨便。穿著皺巴巴衣服的女人顯然是花了太多時間躺著，才不去在意自己上不上得了檯面；先急著展露胸脯的女人，顯然只在意躺下來的事情。

在公共場所表露情感

咕咕雞的低級清單裡，在公共場所展露情感名列前茅。親吻、擁抱，甚至是牽手，都不應該公開展現。向全世界展現肉體之愛的人，一定是在妓院裡長大的，那是很不莊重的行為。如果他們在公開場合都這麼做了，可以想像他們私底下會有什麼瘋狂的舉措。

媽從早年就開始不停灌輸我這件事。電影院裡如果有男人用手臂攬住女友，整場電影看下來，她會不停做出充滿惡意的評論，說他們噁心極了，簡直就在椅子上炒起飯來了。餐廳裡如果有女人用湯匙挖了一口飯，要餵她老公吃，媽就會在整頓飯期間怒瞪著他們，默默指控那女人不端莊，而她最後會導出的結論就是，那正是那傢伙會跟她在一起的唯一原因。我們在月台上等火車，手牽手的年輕情侶輕輕親吻，甚至沒有任何親熱動作時，她會刻意路過他們身邊，喃喃罵他們是淫夫蕩婦，而且音量還大到能讓他們聽得見。

這還不限於情侶間的浪漫。如同我先前提過的，咕咕雞並不是溫暖型的人，她不大能夠處理擁抱這件事，偏偏北美洲有著很愛擁抱的文化，因此發生了讓人啼笑皆非的時刻。我朋友來家裡玩，試著擁抱她的時候，她的表情就像他們把用過的尿布遞給她似的；我先生亞賽克頭一次作勢要擁抱她，她一副想要狠狠摑他一掌的模樣。即使我擁抱她（她住院期間我越來越常擁抱她），她也會閃身，彷彿我會把什麼感染給她似的，問題通常在於狗毛。每次只要我一碰到她，她幾乎都會提起這件事。「別把妳的狗毛弄得我滿身是啦！好噁，妳身上有一大堆狗毛。好低級。」她指的低級，是狗毛**加上**擁抱。

越愛摟摟抱抱的人，就越低級。如果你有那種習慣，再加上時常把感情掛在嘴邊，那麼對她來說，你就跟死了沒兩樣。有如之前提過的，咕咕雞不大能接受肉麻的對話。看連續劇的時候，戀人如果開始互訴衷曲，她就會嚷著要轉台，或者會氣沖沖地猛然站起來，害得喜歡那種場景的人無法好好觀賞。她覺得甜言蜜語令人作嘔。部分是因為她覺得語言無法真正捕捉人的感觸，不管原本是多麼誠懇的表達，最後卻只會給人缺乏誠意的感覺。另一個重點是它聽起來的感覺。我們在傳達感情的時候，語調會有所變化。你告訴某人你在意對方，用的語調跟點咖啡並不相同，你會調整腔調，將語氣放柔，就像……跟嬰兒講話的娃娃音。傾訴愛意時，用的就是娃娃音，媽就是覺得這種語氣很惹人厭，尤其在發話者是女性的時候。對她來說，那就是忸怩作態，就是虛假，就是不誠實。會這樣說話的人，也有意圖要操縱別人。對她來說，這種專屬女性的狡猾，就是下賤低級女人的主要特色，就像珍那樣的女人。

媽住院的時候，跟珍共用病房。媽診斷出ＰＯＥＭＳ之後，就在那裡接受放射線治療。媽安頓下來之後，珍才住了進來。珍也是華裔，取代了康斯坦絲的位置。康斯坦絲是媽非常欣賞的白人老婦，整齊乾淨又內向，讀很多書，儀態優良。康斯坦絲的病床在窗邊，出院的時候，媽就承接了那個床位，等著要看下一位入住的病患是誰。起初，她很高興珍來了，因為兩人講著相同的語言。珍說她是退休老師，這點讓媽相當佩服，兩人還計畫在出院以後相約去吃港式飲茶。起初媽好喜歡珍，甚至請自己的私人看護葛羅莉亞幫忙扶著珍到處活動。每次我打電話給她，她開口閉口都在講珍，對珍熱絡得不得了。所以等我過來探病的時候，就主動跟媽的新朋友聊天，很感激對方讓媽的復原之路比較容易承受。最後咕咕雞竟然突然一吼，喚我到她的床邊去，硬生生將我們的對話劃上句點。在那之後，她的情緒壞透了。最後，趁珍終於離開病房時，我問她心情為何這麼糟。

「我不希望妳再跟那個女人接觸，她很低級。」

我望向葛羅莉亞，她只是聳聳肩離開。原來是因為珍有訪客——三個男人會在不同的日子輪流到訪，而且他們來探望珍的時候，珍就會用娃娃音講話。她替他們每個人都取了綽號。「蛋塔」週一跟週三會過來；「豬仔」週二跟週四會來訪；「酋長」則是每逢週末都會前來，可是珍都用同樣的方式跟他們三個人講話。珍的戀人絮語就像夾帶疾病的雲朵一樣，飄向病房裡屬於媽的那一側。**噢蛋蛋，你今天怎麼那麼晚來啊～你不知道我一直在等你嗎？**

更糟糕的是，珍在他們來到之前原本好端端的，等他們一到卻又裝出病懨懨的模樣。**感謝老天你來了，豬仔。最近好難捱喔。狀況糟糕透了。你一定要幫幫我，讓我好過一點**。

媽說得好像珍每次在蛋塔、豬仔或酋長過來的時候，就會一把將衣服全都扯掉似的。媽會擠出鬼臉，彷彿嗅到什麼腐臭東西，彷彿珍的娃娃音伴隨著一股濃烈臭氣，飄浮在她倆的病床上方。

媽進退不得。她行動不便，一週有四天[36]，被逼著聽女人在男人面前呻吟加「喵喵哭訴」（媽的說法）。

好低級。

集媽最痛恨女人的特質於一身：軟弱、虛偽跟放蕩。於是咕咕雞公開表露自己受到冒犯的樣子。不管蛋塔或豬仔何時過來，她就會要葛羅莉亞馬上把病床隔簾拉起來，而且要很用力，將病房清清楚楚標出低級跟高級之間的楚河漢界。某天我來探病的時候，豬仔恰好來訪，媽的隔簾拉了起來。我原本不知道隔簾背後的象徵意味，於是試著把簾子往後推開，因為媽的空間感覺擁擠又陰暗。她馬上制止我。當我問她原因的時候，她眼神放出閃光。我的問題正中她的下懷。「那邊的狀況，我再也看不下去了。光天化日之下耶！跟那種沒有羞恥心的女人扯上關係，連我也跟著丟臉！低級！低級！低級！」

她說得好像眼前正在上演色情片似的，彷彿珍跟豬仔低聲細訴甜言蜜語，就是在翻雲覆雨。後來，我推著輪椅帶她到自助餐廳的時候，向她暗示說，珍可能很寂寞，有三個男伴固定過來探病、分享無傷大雅的情話，可以幫助珍好好康復，建議媽別再胡亂抱怨了。

「我寧可寂寞也不要低級。」她回應，接著又說：「只有破壞家庭的第三者，才會有那種表現，不在意誰會看到、誰會聽到。」

第三者，就是集所有低級行為於一身的人。

破壞家庭

我十一歲的時候，第一次參加獵捕第三者的行動。一如往常，我們在外婆的麻將館裡，那裡總是上演著人生百態。媽那桌正在等最後一位牌友過來——阿潤（順帶一提，她老公會抖腳）。媽認為他是人渣，因為即使阿潤百般寵溺他，他還是把阿潤當成垃圾來對待。不管他什麼時候想吃晚餐，她牌打到一半就得手忙腳亂地離開；要不然就是她被他放鴿子，哭著回麻將館來。這種狀況經常發生，因為他有個

㊱蛋塔週一跟週三會過來，豬仔週二跟週四會來訪，酋長則是每逢週末都會前來，算起來至少有五天。作者此處說四天，也許是蛋塔在週一或週三，豬仔週二或週四，而酋長週末兩天，才可能是四天。

情婦。

那天下午阿潤出現的時候，狀況很糟糕。她滿面通紅、頭髮沒洗，可是在麻將桌邊坐下的時候卻不肯解釋原因何在。起初大家都盡量不去理會，連媽也難得非常自我克制。媽原本會繼續忽略阿潤那種披頭散髮的慘狀，可是阿潤一直出錯牌。她要不是多拿了牌，必須棄權；不然就是在等三筒的時候，卻把二筒當成她叫胡的牌。在麻將裡，你叫錯胡，最後就必須把這盤裡的最高賭金，拿來當作罰金付給其他牌友。媽玩得一點也不痛快，那就是問題所在。阿潤通常是個不錯的競爭對手，但現在這樣等於是在浪費媽的時間。最後媽受夠了。她停下牌局，要阿潤把來龍去脈都告訴她。

阿潤的老公前晚在情婦家過夜。那天早上，他出門上班之後，情婦打電話來向她示威。「他現在都睡這邊了。他比較喜歡這裡，不想回家跟妳在一起。再不久，妳就永遠都見不到他了。」情婦在電話上顯然描述得活靈活現，吹噓自己在肉體上的優勢如何勝過阿潤。

那種作法好低級。

媽暴跳如雷。沒什麼比明目張膽的第三者還要更低級的了。懂得禮數的第三者很清楚自己的地位，不敢隨便露面，會因為破壞別人家庭而覺得羞恥。第三者不會主動聯絡身為正室的妻子，後者擁有社會地位，過著光明正大的生活。

這種低級的第三者必須得到教訓。

媽丟下自己的籌碼，下令要其他桌都停止打麻將。然後，咕咕雞以自己專屬的尖亢嗓子，呼朋引伴、整軍備戰。她是個即將帶領軍隊衝刺沙場的將軍，她要打擊的對象正是低級。「兩腿合不攏的妓女，竟然敢對阿潤這麼不敬！我們的朋友阿潤是正室妻子！這個賤人算什麼東西，竟然帶著臭屄來侮辱我們的朋友！我們的朋友溫柔甜美，不應該受到這種對待。我們一定要捍衛她！如果妳是她的朋友，就跟著我走！」

所有的麻將阿姨都跟著丟下籌碼。媽成功煽動了她們的情緒，整群人就像飢腸轆轆的母雞要出去尋仇似的。她也挑起了我的情緒。我準備好了。我對阿潤雖然沒什麼感情，可是媽讓我想要跟著行動，即使替阿潤犧牲生命也在所不惜。

到了這個節骨眼，阿潤哭得更厲害了。她一直想抓住媽的手並制止媽。她一直擔心，老公到時回頭會把氣出在她身上，她一直央求媽不要插手。媽才不肯聽呢，她現在啟動了對抗低級的聖戰，什麼都攔不住，而且我也不想錯過這整件事。

我鑽進人群裡，希望可以跟著去，可是外婆注意到了，叫我別去。**笨外婆！**我心想，**要是我到時不能去看熱鬧，都要怪她**。外婆催媽不要帶著我同行，要我留下來待在她跟阿潤身邊就好。可是我不想留在阿潤身邊，也不想再聽她的哭嚎了。我露出懇求的表情看著媽，急著運用念力要她帶我去。**拜託嘛**。

我不該懷疑自己可能會去不成的。咕咕雞正想讓我見識什麼叫低級，她要我看看，當正義的一方跟低級正面對峙的時候會發生什麼事。媽牽起我的手，火冒三丈走出公寓，後面跟著一整群準備獵捕第三者的人。

路途並不遠。當時元朗不算很大，雞犬相聞，人人都清楚彼此的情況，包括住處。不久，我們就抵達第三者住的樓房。我們登上樓梯的時候，我試著想像對方的模樣。我想像她有滿頭澎鬆的頭髮，豔紅的嘴唇，會在絲質袍子底下穿著連身睡衣，露出一半香肩。我在想，我們會不會捉姦在床，不管那種場面看起來怎樣。對於很可能目擊那個場面，我同時感到害怕又興奮。

媽揿響門鈴。有個眼睛出現在窺視孔那裡，然後又離開。媽一次又一次，再一次地按著門鈴，但是第三者就是不肯應門。於是咕咕雞開始大叫：「我知道妳在裡面。現在我要跟妳全部的鄰居說，妳幹了什麼勾當。妳想跟已婚的男人上床嗎？妳想打電話給他老婆，吹噓自己的浪蕩行為？好啊！那大家都會知道你是什麼東西——就是低賤、骯髒的第三者！」

那層樓有些住戶開始開門看熱鬧，其他阿姨把第三者的行徑都告訴那些住戶。整個場面狂亂、不可思議又嚇人。我受到太大的刺激，於是哭了出來。就在那時，第三者終於把門打開。眾人陷入一陣靜默。

第三者跟我預期的一點都不一樣。第三者看起來就跟站在她的不鏽鋼門前、咕咕雞背後的那些殺紅了眼的麻將阿姨沒有兩樣，她甚至跟阿潤有點相似——她毫不起眼。她似乎真的很傷心，用微小顫抖的聲音哀求：「請妳們離開，請妳們不要在這裡這樣。」

咕咕雞已經打了勝仗。「妳認識我嗎？」媽問。第三者表示認識，可是媽還是主動報上名號。「我是倀雞。妳認識我嗎？」

第三者再次點點頭。

「我是阿潤的朋友。妳讓我朋友不高興，就是讓我不高興。妳要幹骯髒事，自己私下躲在什麼洞裡做就好，我不在乎。可是如果妳再侮辱阿潤，我下次就不會這麼客氣了。」

接著我們就離開了。我們順著原路下樓，走到大廳的時候，媽轉身吼道：「我請大家吃點心！」我們回到外婆家的時候，媽替大家叫來外送的田雞粥跟油條。那些阿姨把在第三者家發生的事情，鉅細靡遺告訴阿潤跟外婆。阿潤聽到第三者被咕咕雞嚇壞了的時候，情緒似乎平靜下來。後來，她老公來接她回家。他踏進門的時候，雖然主動喚媽的名字、向媽致意，但是媽繼續打牌，裝得一副他不在場似的。

我記得當時心想，阿潤的老公似乎對阿潤不錯啊，感覺不大可能會欺負她嘛。他們離開之後，外婆提到說，看到阿潤這麼開心真不錯。媽用牙齒發出聲音，然後說跟那種男人的關係永遠不可能長久。

搭計程車回家的路上，我問媽說，如果她認為阿潤的幸福不會持久，為什麼還要大費周章。媽說她希望我永遠別忘掉低級人可能的遭遇，她希望我看到，低級的人不只害自己抬不起頭，也讓他們四周的人都很難為情。媽解釋說，不管我受過多好的教育，又多會賺錢，如果我很低級，就永遠不會有人尊重我。她也警告說，低級的印記會跟著妳一輩子。後來，我在外婆家的某局麻將間，無意間聽到媽說起那個第三者，提到她最後搬到隔壁鎮屯門去了。媽的妹妹就住屯門。那女人到了那裡，也擺脫不了第三者的汙名。

「女兒，不要當個低級的人，永遠不會有人尊敬妳。」

既然咕咕雞一輩子都在跟低級對戰，你會想說她一定時時刻刻都很高雅。實情是，她是個偽君子。說到底，這女人是以麻將館為基地，動員了整批人馬，挺身跟低級的第三者交戰。她不是在白金漢宮裡養尊處優長大的人，也不會假裝自己是在那種地方成長的。媽從來不曾粉飾自己的成長背景，對於自己在窮苦的環境中長大、沒受過教育，她也不曾說過謊，更不曾背棄自己的根源。媽不會站在山巔上評斷別人，媽是站在平地上評斷別人。當她做出別人可能視為低級的行為時，她就以這點來替自己找台階下。

就像她不管到哪裡都會殺價，希望對方結帳時不要含稅。我看過她在百貨公司、在香奈兒專櫃、在好市多裡這樣討價還價過，她不管怎樣都非得貫徹跳蚤市場的購物原則不可。我拿這點來批評她，告訴她說，妳也幫幫忙，即使在連鎖家飾店付現，他們也絕不可能給她免稅，但她總是給我同樣的回答：「問一問又沒壞處，人生就是這樣搶得先機的。如果妳想當冤大頭，儘管去吧。不過我可不是什麼會留遺產給妳的億萬富翁，妳應該學著能省就省。」

對於肢體動作太隨便的人，她會發出怒嘶，可是自己特有的（也可以算是低級的）肢體放縱，卻毫不歉意地展示出來。咕咕雞吃東西時會張著嘴巴。就像她做事情向來大剌剌的，她吃東西也很大聲。她咂著嘴巴咀嚼，用牙齒咬嚙食物的時候，彷彿口腔上側時時黏有花生醬，即使吃的只是米飯也是如此。我這輩子都在提醒她這件事，而我這輩子從她那裡得到的答案也都是：我家鄉的人都是這樣吃飯的，妳幹嘛這樣自命不凡？

除了吃東西之外，還有打嗝跟放屁的問題。無論在家裡或外食的時候，咕咕雞照樣在餐桌邊打嗝，打完還一副若無其事的模樣，排氣的情形也是如此。有亞賽克在場的時候，媽也照常放屁，而到現在亞賽克對這種事早已見怪不怪。我們到我爸媽家，媽要到廚房去，路過他身邊的時候順便放了個屁。這件事頭一次發生的時候，他以為自己遭到陷害。根本不是自己做的事情，他應該承認嗎？是因為他們不希望我們兩個在一起，所以故意設局讓他吃敗仗嗎？媽注意到亞賽克一臉不自在，於是決定開口要他安心。「抱歉啦，」她說，「我屁很多。」她真的這樣說，而那是她最後一次為了當眾放屁而道歉。

在別人面前自由放屁，為什麼不會比嘁嘴低級？對咕咕雞說，重點在於需求與意圖。放屁畢竟是自然的生理功能，嘁嘴則是嘴巴刻意的行為，目的在於勾引跟誘惑。嘁嘴預示你別有居心，但放屁沒有絲毫隱藏。不管身在何處，需要解放，就得放。即使幾步之外就有功能正常的廁所可用，也得在巷子裡先解決一下。

我為了工作到多倫多出差，沒回父母家住而是暫住朋友加百莉那裡。爸媽之前已經賣掉多倫多的大房子，搬到城郊的公寓去了。既然我的工作地點在市中心，待在小加的家比較近，而不是住他們的集合公寓來回通車一個鐘頭，況且公寓裡也沒有我專屬的臥房。那天，他們要到小加的家來接我去吃晚飯。他們把車開到房子外頭時，我就已經從窗戶看到他們了。等我跟小加走到屋外，媽已經下了車，但爸卻不見人影。

「唔，爸呢？」我問。

「他要尿尿。」

我父親竟然就在兩棟房子之外，介於住宅之間的巷道裡解放。當時傍晚五點，還是白天，而我父親竟然在小加鄰居的地產上撒尿。他原本三兩下就可以進小加的家來，借用她家（私密且運作正常）的廁所。

更誇張的是，媽說起這件事的樣子，彷彿再正常也不過，彷彿這樣完全符合邏輯：我爸開車過來（順帶一提，開著還是金色的賓士轎車），車子停在我朋友的車道上，我朋友明明可以提供他更妥當的廁浴設備，他卻在討人喜歡的住宅區街道上隨地便溺。

你可以想像我當時有多窘。小加就站在我身旁，而剛剛才有人跟她說，我父親那一刻正在替幾英尺之外的巷子施行洗禮，而我媽只是面帶笑容站在那裡，彷彿我倆方才的那番互動尋常的不得了。我試著轉換話題。媽的手臂才動過手術，把平常血液透析需要使用的動靜脈瘻管閉合起來。有一道寬度一吋（二·五四公分）左右的新鮮傷疤，從她的手肘延伸到手腕，紅腫又恐怖。不知為何，我以為藉此可以讓小加忘掉我父親在她的社區隨地排泄的事實——於是一把抓住了我母親的手腕，讓小加瞧瞧那個尚未癒合的傷口。此時，小加已經為雷姓一家人的低級程度而昏頭轉向了，爸偏偏挑在那一刻再次現身。

「嗨，小加，真高興又見到妳了。」我父親才在巷子裡解放完自己，現在卻向小加伸手致意。小加的家就在那裡，廁所、水槽一應俱全，他原本可以在那裡洗手的，可是他卻選擇隨地解放。

好低級。

我沒辦法面對小加。我把父母趕回車上，跟他們一起衝出那個社區，彷彿剛剛打劫了那個地方。然後，等我們拉開安全距離之後，我就放聲哀嚎。

「你為為為為什麼不進屋子裡啊，爸？幹嘛一定要在外面撒尿？很不文明耶！」爸沒有機會回答。媽的反應則好像不講道理、亂耍脾氣的人是我，而她只是在咬牙容忍我似的。「爹地就是得尿。妳知道我們開車到這裡花了多少時間嗎？交通狀況很糟，憋了整整一個小時的尿耶？爹地不忍心在賓士車裡尿尿，這是一輛好車。」就這樣。毋須進一步的解釋，媽總是可以替自己的低級找到理由。在超商外頭斜倚身子的任性年輕人注定要惹麻煩，而咕咕雞在賭場玩吃角子老虎時，單腳高高翹在橫架上，嘴巴一面啣著牙籤，卻只是……舒服自在。

妳只需要一個真正的朋友

對於自己的低級行徑，咕咕雞會刻意固執地視而不見——放屁、為了躲稅而殺價——有時恰好可以拿來當成古怪滑稽的故事來講。她很死板，不願妥協——這類特徵在艱困時期的作用不小。這些特質是基石，形塑出令人敬畏的精神、堅定不移的強大人格。而這個人格大多以良好模範來引導我，但同時卻也以別具深義的方式，讓我知道什麼事情該要**避免**。

我不會邊走邊抽菸（再也不會了）。我從不抖腳。嘟嘴感覺很不自然，而且看起來很荒謬。碰觸則是想都別想，我跟亞塞克在公共場所很少認可對方的存在。我遵循著咕咕雞的低級清單，常常側目看著那些違規的人。可是我跟她不同的地方就是：即使是反對低級行為，都不應該阻擋你對那些不自覺做出低級行為的人展現同理心。珍用娃娃音講話，跟那些情人保持啟人疑竇卻不見得有問題的關係，並不會傷到任何人，她可能只是需要有人陪伴而已。媽在道德立場上反對像低級珍那樣的人，自己卻對珍表現出毫無慈悲心的低級行為，但媽看不出這這兩者是互相抵觸的。遵循某種行為標準——實踐禮儀，避免抖腳、邊走路邊抽菸那類的低級行為——是一回事；可是媽卻看不出，嚴厲批評那些違反標準者，是相當殘忍的行為。她當然看不出那番批評裡的虛偽成分——同時跟幾個男人眉來眼去，或是破壞別人的婚姻，是很低級的行為，但是大聲抱怨某人不忠出軌、為了羞辱另一個女人而大吵大鬧，可能也同樣低級，更不用說這種羞辱會對所有旁觀者所產生的影響。媽這麼公開地批判珍，讓我為珍感到難過，就像我可能也為那個住處被我們突襲的第三者感到難過一樣。那天我才十一歲，當時還不懂我為何在大家撤離的時候出聲啜泣，但長大成人的我現在領悟到，聽到她頻頻攻擊珍的感覺，就跟十一歲的那一次相同。因為媽在霸凌她們，所以我很難受。

這也許是咕咕雞最大的缺陷：她嚴重缺乏同理心。不管原因為何——是低級行為的守則也好，是風水跟算命的規定也罷，或者是她親身體驗過的試煉跟磨難——她就是不懂人際溝通的基本原則：理解。對於建立關係來說，這個元素如此關鍵，正因她無法掌握，自然也不懂得原諒，因此就不擅長維繫友誼。

我大二跟大三的室友是個叫做薇妮的女生，我們大一時因為宿舍房間相鄰而認識。我們並不親近，週末我固定去當地學生酒吧閒晃的時候，並不會跟她一起消磨時間。可是，我們的確偶爾會一起打麻將。後來她抽中大學樂透，可以去住校園裡眾人渴望的雙人公寓，她問我想不想一起住。我很懶，不想住在校園外面，冬天還得搭公車上學。雖然我跟薇妮不大熟，但是如果跟她一起住，我只要走路就可以去上所有的課程，這是個明智的選擇。於是我就答應了。

當時，我父母一年當中的大多時間都留在北京。爸在科技訓練機構擔任主管，他的公司同意他到中國開分公司的提案。他們留下十九歲的我，負責管理自己的預算，包括租金跟生活雜支。薇妮的父母大部分時間也都在國外，冬季期間寧可留在香港避寒。沒人監督我們，我們被寵壞了。從我們搬進去的那一刻開始，薇妮就跟同棟大樓的一些住戶，舉辦徹夜通宵的麻將活動，我也加入了他們的行列。不久，就開始一連蹺課好幾天，要不是因為前晚熬夜打牌而在補眠，不然就是還在埋頭忙著打麻將。當時我們全是大菸槍，也很少下廚煮飯。走進我們的公寓裡，就像踏進了專抽大麻的密閉空間，瀰漫著菸草加外帶食物的氣味。薇妮不在倫敦㊲打麻將的時候，就會跟她的摯友溜到多倫多，一連消失好幾天。起初她不在的時候，我會試著打掃一下浴室跟廚房，可是等她一回來，整個地方就會因為牌友進進出出，又變得亂七八糟。最後，我索性把自己的房門關上，我的臥房成了整個垃圾場公寓裡的唯一淨地（還算啦）。

三年級時，我交了男友，不再打那麼多麻將，大多都待在他的公寓裡過夜，為了

㊲倫敦（London），此處是指加拿大安大略省西南部的一座城市。

換衣服，一週只回去一次左右。有一天，我在薇妮的麻將時間回公寓一趟，她就坐在桌邊，懷裡摟著一團毛球。我本來以為是兔子，原來是絨鼠。當時，薇妮露出一副超級迷戀絨鼠的樣子。

那年的春假，我父母回到多倫多的家，所以我週間就住在他們那邊。他們在開學的前一天晚上載我回校園。媽必須上廁所，所以想到樓上來。她沒辦法在戶外蹲著尿，因為當時是二月，天寒地凍的。我知道薇妮出門過春假去了，既然我在離開之前，稍微整理過環境，我想狀況應該不至於太糟。我一打開門，臭味就朝我們襲來，噁心透頂。但那還不是最慘的部分。最糟糕的是，咕咕雞激動得要命，就像著了魔似的，開始猛力把櫥櫃一一打開，將所有的椅墊抱枕從沙發上拿起來，把我的床單扯下來，將衣櫃裡的每件衣服都抖開——什麼都沒有，找不到嚇人臭味的起因，最後只能去查薇妮的房間了。我跟媽說她不應該進去，那樣是百分之百的越界行為。

「可是現在有危險啊！」她誇張地吼道，一手握住門把，紅色指甲往上旋轉，這時門打開了……裡面真是他媽的亂。地上到處都是木屑跟一顆顆小小的絨鼠屎，還有詭異的乳綠色物質。陣陣惡臭撲鼻而來，而可憐的絨鼠動也不動躺在籠子裡。薇妮忘了把牠帶走。媽整個大崩潰。

我一直懇求她，說我自己會處理，說薇妮很快就會回來，到時事情全部都能順利解決。她就是不肯聽，威脅要打電話給薇妮的爸媽，可是我不能出賣薇妮，我甚至不確定薇妮是不是回父母家過春假了。我知道媽如果跟薇妮的父母聯繫上，我可能就會暴露她的秘密。於是我好言商量說，如果媽願意就這樣離開，我拍胸脯保證，等最後一個學期結束，我就會搬出這間公寓，不再跟薇妮同住。

咕咕雞總是知道自己什麼時候談到好交易。她同意離開，但條件就是我要言而有信，大四那年另覓住處，而且一等薇妮回來處理死掉寵物的時候，就要打電話給她。然後她跟我說，我挑朋友的品味真爛，說我在選擇朋友上，眼光一向都很差勁，說我朋友總是佔我便宜，還說我如果繼續跟那些把絨鼠丟在臥房裡腐爛的朋友來往，最後會危及自己的人生。她繼續列舉我從國中、高中到大學朋友的名單，說他們都是窩囊廢。他們當中有些人的確是窩囊廢，但不是所有的人都是，他們有些人真的很棒。

「媽，我的朋友又不是每個都爛。我喜歡有朋友，我需要朋友。每個人都需要朋友。」我爭辯。

「妳只需要一個真正的朋友。」

我跟高中死黨吵架之後放學回家（吵吵鬧鬧是高中死黨的家常便飯），媽就會說：「妳只需要一個真正的朋友。」如果朋友跟我約了見面卻遲到，或者我因為跟朋友之間發生了點無傷大雅的摩擦（例如朋友答應要回電卻失約）而覺得氣餒，媽就會判定那個朋友是廢物，並且宣稱說：「妳只需要一個真正的朋友。」

媽很快就會放棄朋友。因為絨鼠的死讓她覺得反感極了，於是馬上就抹殺薇妮的一切。不過，對我來說，雖然死掉的絨鼠肯定會引發爭執，但倒不會成為斷絕來往的起因。我跟薇妮在一起度過不少歡樂時光。她為人隨興、無憂無慮，我很喜歡跟她相處。在咕咕雞的心裡呢？永遠決裂才是唯一的選擇。跟媽住同一病房的珍，在不同的日子裡輪流跟三個男人調情，而媽根據珍對待訪客的行為，來評斷對方的人格。就像媽斷絕跟珍的來往，媽立刻斷定薇妮很低級，在道德跟衛生層面上都是。她深信，只要我繼續跟薇妮來往，我在道德跟衛生的水準也會跟著走下坡。

薇妮那天晚上回來的時候，我待在自己的房間裡。我聽到她在隔壁移動東西、在講電話，同時一邊在哭。隔天她跟我說了事情的經過，她非常沮喪，知道自己搞砸了，我也替她難受。不過，幾天之後，我跟她說我要搬出去。我試著不要把重點放在死去的絨鼠上，可是我想她心知肚明。事後她一切公事公辦，要我先打理好自己的房租跟電話費。轉眼就到了四月底，我忙著打包自己的行李，從此沒再見過薇妮。

那不是咕咕雞頭一次破壞我的友誼。

媽很討厭我高中的死黨喬琪亞，她外表光鮮亮麗，極受歡迎，個性又有趣。她身材超好，凹凸有致，還加上一對巨乳，想也知道她是男生最鍾愛的女生之一。我們非常親近，就是十六歲女生會有的那種親密無間的特殊情誼——我們彼此無話不談，幾乎說著只有兩人才懂的語言。我們志得意滿地愛著對方，這點讓我們覺得自己所向無敵，但這份友誼不是沒有波折起伏。充滿激情、吞噬一切的戀情，注定無法持久，而我們正是這種戀情的柏拉圖版本。回顧過去，在某個程度來說，我相當嫉妒喬琪亞。她是太陽，而我只是運氣不錯，只是有幸得到她的照拂而享受溫暖的眾人之一。事隔二十年後的現在，我這才意識到，那種怨氣就是我倆的關係逐漸惡化的原因之一。也不是說喬琪亞自己就完全沒問題，可是我對她所犯過錯的反應，也沒有幫助就是了。而當時，咕咕雞的反應也只是幫倒忙。

喬琪亞反覆無常，經常漫不經心。她不是故意的，只是個性使然，因此她不大能夠專注。我跟這個黃金女孩當朋友而有自慚形穢的感受，久而久之，就開始把她的表現當成是針對我個人而來。可是我從來不曾跟我媽講我的感受，因為媽打從一開始就不支持我跟喬琪亞來往，所以我盡量不跟她談喬琪亞的事，尤其在我跟喬琪亞歡度友誼「蜜月期」的時候。不過，媽就是非得跟我說說她對喬琪亞的看法不可，擋也擋不了她——全都是些負面的評語。她不信任喬琪亞，她預測喬琪亞哪天會背叛我，還認為喬琪亞只是在利用我。她警告我說，喬琪亞總有一天會扯我後腿。

我跟喬琪亞常常蹺課。她對讀書沒興趣，一心想當演員，大概也不適合正規的學習環境。我向來是個乖學生，可是跟喬琪亞在一起，我失去了讀書的動力，我不想錯過任何可以跟她相處的時刻。結果最後我有幾門課被當掉了，暑假必須回學校補修。媽大發雷霆。相信我，為了這件事，她有好長一段時間都在大庭廣眾下羞辱我，可是她也怪喬琪亞害我變得這麼不負責任。她意識到我開始不理會她對喬琪亞的老套批評，於是決定採取不同的策略。媽用「低級」來對付腳踏多條船的病友珍，卻用「風水勒索」來應付喬琪亞。

她開始告訴我，喬琪亞是厄運。她強調說，打從喬琪亞成了我生活裡的固定人物，我的生活每下愈況。她暗示說，喬琪亞替自己的暗黑能量找到了歸宿，就是把它轉移給我，同時漸漸偷走我的光。我跟喬琪亞和氣融融的時候，我理都不理媽的勸告。但是一等我們的友誼基礎出現了頭一道裂痕——針對某個乏味到荒唐的事情，像是誰要穿什麼去參加半正式舞會——媽講過的話就卡進了那個極為微小的縫隙，怎麼都不肯離開，直到裂隙成為真正的裂口。我每一次跟喬琪亞起爭執的時候，媽講過的話就變得更響亮：喬琪亞很自私；喬琪亞故意陷害我；我要是不開心，喬琪亞反倒會幸災樂禍。

等我高中畢業，離家上大學的時候，我跟喬琪亞就漸行漸遠。表面上我們裝作永遠都是朋友的樣子，但是除了我們之間原本現存卻刻意忽視的問題之外，我正準備前往不同城市體驗新生活，而她要繼續留在多倫多。起初我們每天都熱線聊天，某個週末，她甚至過來校園找我。可是，後來她卻跟我留在多倫多的男友說，我在校園裡跟其他男生調情——這點千真萬確，可是，她也不能說出去啊！那完全違背了女生守則。不過，更重要的是，咕咕雞早就料到了：喬琪亞背叛了我。一切到此為止。

媽認為喬琪亞事件是個徹底的勝利，再次證實她無所不知、無所不曉。不過，回顧過往，我不禁好奇，要是媽當初鼓勵我好好把自己的感受傳達給喬琪亞知道，並且把兩人之間的歧異攤開來講，而不要讓我的怨氣跟對她的臆測（最初是媽灌輸給我的）支配我對彼此友誼的看法，直至惡化到無法挽回為止，不知道結果會如何。媽會說，反正又不值得挽回，所以何必浪費時間？當然。可是，除非我可以摸著良心說，我跟喬琪亞的關係之所以會破裂，我自己毫無責任，否則媽的這種說法是無法成立的。身為我的母親，媽當然會站在我這邊。不過，對於我在其他領域的不完美，媽倒是不存任何幻想，完全可以直言指出我不夠漂亮、當不成選美皇后；在我不守規矩的時候，她也很乾脆地羞辱我，目的全是為了教導我一門人生功課。久而久之，這些功課幾乎總是讓我能夠從中受益。

不過，媽關於友誼的人生功課──「妳只需要一個真正的朋友」──是我唯一有所懷疑的一門。隨著我年歲漸長，對於媽破壞我友誼的企圖，我越來越有抵抗力。運用「低級」這個說法來對付朋友，像是她對薇妮做的那樣，對我不再能夠發揮效用；運用風水勒索來離間我跟朋友的作法，也不再奏效。

我有個很要好的朋友叫瑪歌。她是羊年出生的，我是牛年出生的。羊跟牛是對沖的生肖，換句話說，羊跟牛理應水火不容。我跟瑪歌確實很不相同。她很愛唱反調，她不為任何原因，就會站在對立面，動不動都會提出挑戰，可是也因為這點，她讓我變得更好。咕咕雞喜歡瑪歌，不像討厭喬琪亞那樣討厭她，媽很欣賞瑪歌向來慷慨又善良的作風。瑪歌會到醫院探望媽，帶吃的去送她，瑪歌的個性裡沒什麼是媽可以挑剔的。

除了她屬羊之外。

媽對我跟屬羊瑪歌之間的友誼沒什麼意見，直到我們開始一起拓展商務計畫為止。一起消磨時光是一回事，而把這樣的關係帶往專業層次，完全又是另一回事，因為商務會牽扯到財務。對於錢的憂慮，完全佔據了咕咕雞的心思。她對自己的錢很執迷，對我的錢也一樣。她會定期要求我向她報告，我在銀行裡有多少積蓄，我事業裡的一切最終都會牽扯到錢。因為媽到了一個錢只出不進的年紀，對錢的態度過份講究又神經質，她很怕等我退休的時候，身上半毛錢不剩。她對於任何可能會花我錢的人事物都很焦慮，比方說，叫瑪歌的那頭羊。也不是說她認為瑪歌圖謀不軌，而是擔心「屬羊」的瑪歌，會跟屬牛的我互沖。她認為瑪歌較長較尖的山羊角，會主宰我較短較鈍的牛角，而不知怎麼地，最後會害我淪落到破產的地步。

媽所不明白的是，我跟瑪歌想要合作，目的不在於財務上的獲利。事實上，那根本不在於我們的考慮之列。對我們來說，重點在於創意與樂趣。還有什麼事情，會比跟摯友攜手構想出新世界，更具啟發性？這些夢想是在小學時期，跑到朋友家過夜玩耍的時候開始的，房裡的燈光已經熄滅，一起躲在被單底下竊竊私語、咯咯發笑，直到有家長進來要你們安靜為止。這些經驗是咕咕雞從未有過的——不只因為她是移民，也因為她被剝奪了那樣的童年。

這是我跟移民家庭的所有朋友共享的笑話——我們的父母就是搞不懂。到朋友家**過夜**？不在自己家裡睡覺？你為什麼想到別人家去睡覺？有些移民家長把這件事跟安全問題聯想在一起：這些人是誰？萬一他們最後不放你回家怎麼辦？其他家長則會聯想到飲食的問題：你在那裡要吃什麼？那些人會端出什麼樣的飯菜？而咕咕雞自然就會聯想到金錢：我替妳買了張這麼舒適的床，妳竟然不想睡自己的床，寧可跟陌生人共擠一張，而在家裡明明可以獨享一整張床？

想當然爾，在香港元朗，媽的成長時期裡，沒有到朋友家過夜玩耍這種事。即使當時流行這種作法，等她到了可以去朋友家過夜的年紀，也不會有那個機會；她為了照顧弟弟妹妹，要出外工作以便清償父母的賭債，早早就必須輟學。所以咕咕雞不只無法理解朋友互相到家裡過夜可能滋生的情感聯繫，也錯失了享受那些微小時刻的機會——在彆扭苦惱的青春歲月裡，那些微小時刻就是用來奠定友誼的砌磚。透過那些時刻的喜樂與錯誤，我們學習如何傾聽，學習我們不去傾聽時會發生什麼後果，學習如何分享，學習何時要有所保留，學習如何安慰對方，學習如何傷害對方——總之，就是如何**當一個朋友**。

我媽，咕咕雞，雖然是個有智慧的人，卻不懂得怎麼當朋友。她因為ＰＯＥＭＳ而住院之後，我才完全領悟到這一點。她在京劇社團認識的婦女裡，有位女士是金柏莉。她是京劇老師的太太，為人和藹、個性甜美，甜美到甚至不喜歡嚼舌根，不像京劇圈裡的眾多女士。這個社團就像是華人版的《嬌妻》[38]真人實境秀，只是她們不是邊做日光浴、運動健身、出門購物，一邊說長道短，而是在練唱京劇、打麻將跟購物時，東家長西家短。不過，大多時候，金柏莉都不去蹚那個渾水。她跟媽很快就親近起來，在媽狀況最糟的時期，金柏莉是家人之外，少數過來醫院探望她的人。她特別費神幫忙，趁著上班的午休時間，帶了新鮮的麵食來給媽，因為她知道媽很難接受醫院的膳食。她自己都還沒吃飯就先趕過來，因為她希望在湯還沒變涼以前送達。而且，她從不期待任何回報。媽一直說金柏莉有多麼棒，要我保證會請金柏莉跟她家人去吃晚餐，以便感謝她的慷慨大方，我也乖乖照做了。可是等金柏莉遇到困難的時候，該輪到媽有所表現的時候，媽卻做不到。

金柏莉家裡發生悲劇。她回香港的旅途上，失去了一個非常親近的人。金柏莉啟程以前，悲傷的消息尚未傳來，媽請金柏莉帶些草藥回來。金柏莉回加拿大後，當然相當消沉沮喪。當地下室舉行京劇課程時，她就待在臥房裡面，什麼人也不肯

㊳《嬌妻》（The Real Housewives），是於二〇〇六年開播的真人實境秀系列，每季以數名職業婦女與家庭主婦為主角，拍攝她們的真實生活。

見，也不願出門走走，她憂鬱到無法跟人社交。媽很想念金柏莉，想跟她聊聊，於是拿起電話撥了過去。接電話的是金柏莉的兒子尚恩，他說母親狀況不佳、無法接聽電話。咕咕雞就是這麼「纖細敏感」，竟然叫尚恩傳話給他母親，說自己來電是為了問問草藥的事。

！！！！！！！！！！

那段對話過後幾天，我向媽問起金柏莉的事。她跟我說了事情的經過，我就在那時向她分析，那種作法真的很失禮，如果她真的希望讓金柏莉知道她很在乎對方，就必須再打電話回去，而且這次千萬別問起他媽的草藥。即使是尚恩接的電話，也應該請他把訊息傳給金柏莉，說她一直想著金柏莉，很擔心對方，說如果金柏莉想談談，可以儘管來電。我也建議她每隔幾天就撥一次電話，不要只打一次就算了，然後繼續傳達那個訊息。

彷彿我在教她怎麼走路似的，她毫無概念。她心裡確實有「朋友」的感覺，卻不知道如何表現出來。即使我在整個過程當中一步步指導她，她也覺得要表達出來是很不自在的事。媽是有同情心沒錯，卻不曉得如何傳達同情。她不明白，同情的樣貌各有千秋，一切取決於接受同情的對象。她沒有能力根據對方的需求，量身打造自己的同情。她以為自己一開始有同情之心就已經足夠，她以為她的第一通電話就足以讓金柏莉聯想到：她一直惦記著金柏莉。

咕咕雞面對危機的時候很有魄力。當黑社會為了討債而威脅你的時候，她可以有所表現；你需要人保護的時候，她會挺身為你仗義執言；你的丈夫背著你出軌的時候，她會出面捍衛你的榮譽；你被騙的時候，她會勇於替你撐腰。當緊迫跟非比尋常的事端發生時，她會在場。可是介於這之間的一切——介於種種危機之間，可以聯繫友誼、創造回憶的平凡時刻，她卻完全應付不來。

就像跟摯友攜手進行某項計畫的這種回憶，因此她才無法接受我跟瑪歌想攜手共事的想法。我跟瑪歌基本上是想創造一種成人版的過夜聚會，動機不在於錢。我們需要的唯一動力，就是在一起。在一起做事情，就是最讓人興奮的了。既然媽從來不曾體驗跟朋友分享事物時的興奮感，也就無法理解那種最終目標。在無法體會的情況下，她看到的，不是兩個朋友彼此找到連結時，所產生的那種美妙的自我實現感，她只會看到財務上的風險。這就是為什麼咕咕雞經營友誼會失敗的原因，她看待友誼的角度基本上是有瑕疵的：以信任為籌碼的自衛本能。咕咕雞不信任人，如果一直預期對方會有背叛行為，那麼友誼就無法持久。於是媽說服自己，人只需要「一個真正的朋友」。

媽只跟童年時期的一個朋友保持聯絡，就是我住香港的乾媽賴嬸嬸。她們彼此認識超過四十年了，以往每隔一年就會碰面，可是媽後來因為病痛纏身而無法再踏上長途旅程。她們每隔幾週就會通電話。賴嬸嬸也負責照管媽在香港的帳戶。賴嬸嬸見證了咕咕雞畢生的經歷——知道咕咕雞的家人怎麼辜負她、看著媽重新掌控自己的人生、在成年初期如何春風得意；知道媽為何離開爸；接受了媽跟叔叔的關係——賴嬸嬸（嗯哼……）從來沒評判過她，所以媽能夠放心把錢交託給對方。賴嬸嬸不會評判媽，因為她在事發當時都在場。她倆的人生歷史是共享的，她知道媽抉擇背後的理由，曉得媽選擇背後的心碎。可是，即使身為接納與理解的接受端，體驗到「一個真正的朋友」的美妙贈禮，媽卻無法把賴嬸嬸對她的那種接納與理解，延伸運用在別人身上。因為在媽的心裡，賴嬸嬸是例外，是罕有的異常，只能證明她的論點：人只需要一個真正的朋友。就像科學家急切地想推出自己的假設，而拒絕了其他看待資料數據的詮釋方法。媽任性地選擇相信，賴嬸嬸的友誼版本，並不是友誼的普遍定義，而是獨特的代表，是個一去不返的彗星，是無法複製的、一輩子僅有一次的事件。可能成為新朋友的潛在對象剛起步就處於劣勢，因為她預期他們會讓人失望。他們常常是這樣沒錯，因為沒人是絕無失誤的，但也因為媽會去找出他們的缺陷。我注意到，結果就是她跟別人的友誼最久只能維持十八個月到兩年的時間。在那段時間的末尾，友誼總是一刀兩斷。

一九九九年是龐太太。媽跟龐太太是打麻將認識的，兩人一拍即合。不久，媽開口閉口就是龐太太這個、龐太太那個，一週有三次會到龐太太家。媽要我幫忙調查，龐太太的小孩可以去哪裡上英文補強課程，因為他們才移民到加拿大不久。媽想買仿造的ＬＶ手提包時，是龐太太幫忙牽線的。接著，龐太太宣稱找到了很棒的鮑魚供應商，於是送了幾磅過來給媽試吃。華人家庭認定鮑魚具有療效，而且價格不斐，所以買鮑魚是大事一樁。媽總是說，鮑魚可以提升能量、刺激心靈。所以只要能夠買到手的人，就會變成雙重的誇耀——因為他們買得起，而且因為買得起，所以可能比其他人都更聰明。

媽試吃了龐太太的鮑魚，結果難吃極了。她說鮑魚肉太韌，味道很假。既然鮑魚是菜單的熱門品項，顯然有一堆仿製鮑魚在市面上流通。媽並沒有姑且相信龐太太、不遽下定論（也許龐太太自己被鮑魚商騙了？），而是自動假設龐太太在鮑魚騙局裡參了一腳，想在媽不知情的狀況下幫忙宣傳她的假鮑魚，所以媽在沒有解釋的狀況下就跟對方切斷聯繫。龐太太對於自己突然被隔絕在咕咕雞的生活之外，覺得很困惑。媽會過濾她的電話，麻將圈的其他成員打電話來邀請媽去龐太太家打牌的時候，媽就會誇張地跟來電者說，她不想說自己為什麼不能去龐太太的家，因為那就等於是講別人的八卦……這麼一來，你應該可以想像，只讓八卦更加惡化。這番話傳回龐太太的耳裡，對方立刻採取了防禦的姿態，為了自保而講了很多媽的壞話。而那種行為只是讓媽更肯定自己最初的想法——龐太太是不值得挽留的朋友。

龐太太之後，二〇〇三年是甘太太。媽跟甘太太是在京劇演唱社認識的朋友。（移民異國的華人時時會找「活動」參加。從騷莎舞蹈到書法跟製酒。媽在某堂製酒課之後，帶著兩箱冰酒回來，直到現在都還送不完，超級難喝的。每次她見到我朋友，就會拿她該死的冰酒出來招待。）甘太太跟咕咕雞是這群人裡不成文的社交活動召集人，她們為其他剛加入這個社群的女性，舉辦各式各樣的短遊活動，也曾經辦過大型的農曆新年宴會，來籌措慈善活動的經費。跟甘太太的友誼初期，就跟龐太太一樣，媽跟她往來極為密切。她們每星期會約著去吃好幾次港式點心，會一起參加每家中式新餐廳的開幕會，搶先找到最適合用餐的去處，媽跟甘太太一起進行的活動多不勝數。最後，媽注意到，甘太太沒跟她在一起的時候，就會跟已婚的書法老師一同消磨很多時間。

媽聲稱那是其他的書法課學生告訴她的。他們看到甘太太在下課之後，還在老師家逗留到很晚。幾個星期過後，書法老師在自己的畫廊展覽中，拿甘太太的書法作為主打展品之一，雖說她的書法技巧並非頂尖（有人這麼私下中傷）。唔，這樣就足以讓媽將第三者的標記，烙印在甘太太身上。再一次，在毫無預警的狀況下，她開始疏遠甘太太。甘太太想弄清楚咕咕雞再也不跟她講話的原因，可是當媽不肯配合的時候，甘太太不只是乾脆放棄而已，她還想辦法說服每個人都站在她這邊，他們也照做了，因為她深得書法老師的歡心。媽宣布說這群人配不上自己，於是必須再次尋找新一群朋友。

甘太太之後是席托太太，接在席托太太後面的，我不記得是誰了。現在，不管媽何時把我介紹給她「賞味期極短」的朋友，我就會在心裡暗自下注，看看目前這個可以持續多久。會剛好落在為期十八個月的指標上嗎？會有多逼近為時兩年的指標？可是，咕咕雞三兩下就會頭也不回地離開朋友；而他們要放她走，難度也不是特別高。她對朋友抱著完美無缺的期待，注定就會讓他們失敗。她在朋友失敗的時候，藉由不原諒他們，來保護自己免於更多的失望。不過，於此同時，在沒有信任之下，誰會想要留在你身邊？當他們無可避免地轉身離開時，咕咕雞的解釋就是因為「他們嫉妒我」。

有時他們確實是嫉妒，有時他們只是惱怒。

咕咕雞不只是不耐煩、愛批判、不懂得原諒，她長期以來也有自誇的習慣。我父母一九九一年在新開發區裡買了棟房子，兩人當時四十多歲。為了負擔這幢大房子——四間臥房、三間半衛浴、大院子、大地下室、開放式廚房——他倆奮力工作。他們使用的建材都是升級過的，選了大理石流理台、瓷磚、硬木地板、客製旋梯。那個旋梯是一樓的主要賣點，你一走進屋裡便能看見。媽很愛自己的房子，非常以這棟房子為榮。她對於它所代表的一切感到驕傲——爸的成功，還有他倆的韌性。我們剛搬進去的時候，常會邀人到家裡來玩。訪客一來，她就會鉅細靡遺加以介紹——用美金的數字，那是終極的吹噓表現。華人文化原本就是喜歡自吹自擂（看看北京二〇〇八年的奧運開幕典禮就知道），我們非常擅長當著你的面，以爆炸性的強勁力道來炫耀。咕咕雞的聲音原本就很像爆炸了，所以當斷片殘塊在你耳邊轟隆炸開的時候，講的內容都是這個用最好的、那個用最好的；為了要最好的，要花多少錢云云。唔，我是她女兒，我自然明白為什麼有人會那麼反感。

我父母舉行喬遷派對時，邀請了約五十個人參加。當時我十八歲，極度在意別人的想法，因此對媽那種過火的行為非常敏感。媽沒等多久，就領著大家穿過門口，帶著他們參觀所有的重頭戲。她走到樓梯時，幾乎一路登上樓梯的頂端，而她的聽眾就站在樓梯底部。接著她慢條斯理、戲劇化地往下漫步，紅色指甲順著樓梯扶手滑下，一面用廣東話解釋：「這個樓梯啊，是客製化的設計，這個街廓沒人有我們家這樣的樓梯。木頭是義大利進口的，超過預定完工日，又多花了兩個星期，才整個打造完畢。可是我們可以體諒，因為我們多付了五萬美金才做出這種樓梯的。」

我敢發誓，我看到半數的人都在翻白眼。我的意思是，這個樓梯不錯是不錯，可是又不是什麼電影場景，你懂吧？後來，當大家都離開之後，我跟媽說她不應該這麼愛現，如果她用那種方式談錢，可能會讓大家倒盡胃口。她的回答是：「妳為什麼要害妳爸難為情？妳爹地工作很賣力，妳爹地買了棟大房子，要以妳爹地為榮！」

我漸漸學會怎樣跟咕咕雞的吹噓共處。隨著我的事業蒸蒸日上，我也非情願地成了吹噓的同謀。我的電話會響起，媽在電話另一端，態度熱忱過頭。那就是她並非獨自一人的第一個徵兆。「嗨，若芬！我照妳交代的，剛剛看妳上電視嘍！」（我並沒有要她看。）「我跟這些阿姨在打麻將。妳今天穿的洋裝好漂亮！可是妳要跟那個化妝師說，下次畫眉毛的時候，下手別那麼重喔，ＯＫ？掰嘍！」所以她在打麻將。她刻意停下牌局、打開電視，及時看我在電視上播報消息，藉口是我要她看的。實情是，她想向所有的朋友炫耀她女兒上全國性的電視。

如果我的照片出現在雜誌或報紙上，她就會買一堆，然後在吃港式點心的時候分送給大家。如果我要到洛杉磯去參加奧斯卡典禮，她就會想辦法把兩人的對話導向那個話題。如果蔣太太的女兒在法國結婚，媽會讓大家都知道，我在英格蘭報導皇家婚禮。咕咕雞是經典的對話搶劫犯。

她吹噓跟炫耀的理由總是相同的，大家不應該那麼沒安全感，就像我當初不應該為了我爹地而「那麼難為情」。她覺得，只要她發言的意圖，不是為了傷害或貶低別人，那麼對自己女兒跟丈夫的成就得意過頭，並沒有錯。如果他們是她「真正的朋友」，就會為她開心，而不是忿忿不平。他們覺得被她的吹噓侮辱了，是他們自己的選擇，只是反映出他們缺乏自信，而不是她做人不夠圓滑。說真的，當人們以吹噓作為回應，媽就會真心為他們高興，並不會覺得受到冒犯。她對自己就是那麼有把握，不會跟別人較量而陷入嫉妒情緒。所以，她關於大家缺乏安全感的這個評估，我並不完全反對。可是問題在於，那些因為咕咕雞的吹噓而倒盡胃口的人，並不瞭解背後的成因，因此無法緩和那種衝擊。他們不知道她的成長背景，不曉得她的艱苦童年、她不負責任的父母，她所成就的一切都是靠自己極力爭取而來的。她並不信任他們，所以不曾分享那些故事。沒有坦承事實，也並未交流分享資訊，他們面對的只有表面上的吹噓，而輕蔑就在坦承跟吹噓之間的嫌隙裡逐漸增長。

我明白咕咕雞為何需要吹噓，我知道背後的起因。但我也理解她朋友（現在是「前任」朋友了）為什麼會如此反彈，就是因為他們並不曉得原因。

所以媽像旋轉門那樣來來去去的朋友，只是更加鞏固了她篤信的座右銘：「人只需要一個真正的朋友。」她自己斷交的朋友越多，她就越加防範我的朋友。每當我試著告訴她，我的朋友並不會那樣時，她就老是重提莎莉的舊事。

在元朗的時候，莎莉跟咕咕雞是同學。咕咕雞因為養家的義務而輟學，莎莉則被送到國外求學，她們一直透過電話跟信件保持聯繫。媽跟爸移民到加拿大的時候，莎莉早已在當地安頓下來，還幫媽找了份服務生的工作。媽認為自己跟莎莉就是結拜姊妹，於是同意當莎莉兒子的乾媽。莎莉跟她先生唐花了好多年四處尋覓財源，好不容易才攢夠積蓄，終於在一九八九年開設自己的餐廳。他們在距離多倫多一個小時車程的小鎮裡租了個地方，請爸一起投資他們的生意（我爸媽跟我共用同個房間，後來決定做愛而毀掉我人生的那次，我們就是跟莎莉、唐一起出門度假）。莎莉跟唐負責照料廚房跟員工，爸負責管理帳務，我們全都必須出力。週末時，我也會到那裡端盤子、打包外帶的餐點。不管媽何時從香港來拜訪（來更新自己的加拿大護照、參加婚禮），如果餐廳的生意正忙，她就會以女領班的身份、穿起圍裙來工作。莎莉、唐跟我爸媽共同經營著欣欣向榮的小生意，那家餐廳是該社區居民的最愛。在經營了十九年之後，餐廳在二〇〇八年結束營業，住那一帶的人還記得餐點的高品質跟多樣化。我們不只是供應軟炸雞肉球跟雞蛋捲，我們還把這些菜餚跟傳統可口的中華料理混搭。可是，餐廳未能永續經營下去。

唐在二〇〇〇年回香港幾個星期，留下莎莉獨自掌理餐廳。對他而言，返鄉算是某種朝聖之旅。他當初離開中國時，是個窮苦的農家男孩，有點彆扭笨拙，沒人對他抱有多少期待。他返鄉的時候，卻已搖身成為成功的創業者。唐希望大家看看他出人頭地的樣子，希望大家知道他最終沒成為窩囊廢。可是即使唐的境遇已經改變，他內心還是覺得自己是那個在學校被嘲笑的瘦長小鬼。唐在他旅途中的某個時間點，認識了不斷讚美吹捧他的女人——針對他的生意、他的財富、他的才智。確實沒人比唐工作得更賣力，可是他的腦袋還不夠靈光。唐需要相信他自己是整個事業背後的操盤手，但是莎莉才是真正撐住這片天的人，總是在後頭幫他收拾爛攤子。不過，身為妻子的她，就任由他相信這樣的榮耀。現在來了個女人，很清楚他想聽什麼樣的甜言蜜語。唐就此上鉤，陷入愛河。他想離開莎莉。

莎莉懇求他重新考慮，並承諾說會原諒他，她只希望他回家。不過，唐的問題是，他們的生意有一半在莎莉的名下。媽催莎莉用這個當成協商手段，永遠不要放棄屬於她那一半的餐廳股份。當唐回來的時候，媽要爸盯緊帳務，確保唐不會把錢從生意抽走，去討另一女人的歡心。唐又跟他的情婦牽扯了一年多，同時不停說服莎莉賣掉她的那一半，這樣他就能拿走屬於他的財產，跟他的新女人開展新生活。莎莉不想賣，因為那家餐廳是她的靈魂。如果她不工作，她不知道要如何自處。最後，她妥協了。她跟唐說，他可以回香港，想多常跟他的情人碰面都可以；等他回加拿大的時候，他可以打長途電話給對方，維繫兩人的關係。前提是，只要他繼續跟莎莉共享家庭、繼續共同生活。誰不會接受那種好條件？

莎莉跟唐談妥後續的安排之後，就不再跟咕咕雞聯絡了。也許她陷在自己妥協之後的恥辱感，不想面對咕咕雞的不以為然；也許她這麼一來已經開心許多，無暇理會媽的批評。不管真正的原因為何，媽一直沒找到答案。友誼為時四十年之後，莎莉就這樣退場了。就在媽最需要她的時刻。

媽的腎臟幾年前就停擺了，她正在等待移植。二〇〇二年她終於接到醫院的通知，但莎莉就是一直避不聯絡。媽接受器官移植手術之後，莎莉既沒前來探訪，也沒來電問候。媽覺得自己徹底遭到朋友的遺棄，是她認識將近一輩子的朋友。從那之後，爸繼續管理帳務，確保財務運作正常，但媽再也沒到那家餐廳去。二〇〇八年，爸一有機會賣掉他跟媽兩人的事業股份時，就趕緊脫手了。我們不曉得莎莉跟唐後來的遭遇，不知道他們是否還在一起，或是下一步決定怎麼做。餐廳的原址現在變成了塔可鐘㊴，恰好可以象徵著媽對友誼的態度：速食、速食朋友。

咕咕雞對她自己朋友的幻想破滅，也影響了她看待我跟朋友互動的方式。她老是神經兮兮，覺得我會有跟她一樣的遭遇。她要我戒心多於關心、自保重於分享，還會想盡辦法操縱我，要我重視「自己」勝過朋友。

媽一生當中受到各種朋友的多次背叛跟辜負。在她的經驗裡，友誼最後只會導致憤懣跟不便，浪費太多力氣在情緒裡。因此，在咕咕雞心中，友誼並不值得自我犧牲。

我自己對於友誼的經驗，恰好截然不同。我不只有「一位真正的朋友」，事實上，我有很多位很棒的朋友。他們是美妙有趣的人，將智慧跟色彩帶入我的生活。他們接納也寬容我，我對他們既感激又忠誠。而且我繼續努力著，每天都試著當一個好的朋友。我從咕咕雞那裡學到怎麼好好經營友誼。她那麼不會當別人的朋友，卻在不經意之中，教我如何成為更稱職的朋友。她讓我看到拒絕分享、害怕敞開心胸、過於恐懼而無法信任，最後導致了讓人難以招架的寂寞。於是我選擇相信友誼的力量。相信只要有個朋友辜負你，就會有個不會辜負你的朋友出現。不久，你環顧四周，突然間，那些依然站在你身旁的，會變成守護你一輩子的士兵。有時候我想，儘管是無心插柳，那就是咕咕雞送我的最棒贈禮之一。這可能不是她刻意追求的結果，可是她無法建立持續的友誼，卻協助我打造了我這輩子最有意義的幾段情誼。我常常納悶，這背後是不是有更大的目的存在。媽所累積的傷害與遺憾，最後

㊴塔可鐘（Taco Bell），美國的連鎖墨西哥速食店。

都在我人生的積分欄裡成了加分。每次她被人貶低，我後來就會爬得更高；每回她重起爐灶，就成了我所能享有的優勢；每個曾經離去的朋友，便表示我會交到更多朋友。

我內心有部分相信，媽接受自己的失去，就是為了我能夠贏回什麼，她吞忍所有極為不利於她的情勢，就是抱著情勢會為我由負逆轉為正的希望。媽總是告訴我，好運來得有如海浪——有波峰也有波谷。就像在人生裡，沒有黑暗就沒有光。可是萬一她吃下所有的摔落、吞下所有的沉陷、迎來所有的黑暗，就為了讓我能夠乘著長浪，一路順遂抵達岸邊呢？萬一那是她跟風水算命神祇所訂立的協議呢？就是要犧牲自己，好讓我往高空遨翔？

在她生病的最低潮期間，住院時間長達九個月。探病時間過後，爸已經回家，媽就會因為不舒服到睡不著而打電話給我。到了這個時候，她已經掉了四分之一的體重，身上沒有油脂可以為尖銳的骨頭提供緩衝。我知道她為痛楚所苦，我知道她必須在病床上單獨忍受好幾個鐘頭，周遭淨是陌生人，直到爸在隔天下午回訪為止。

我當時住在溫哥華，晚多倫多三個鐘頭，所以我們會聊上好幾個鐘頭，直到筋疲力盡為止。她想知道我白天過得怎樣、想知道我的事業狀況；雖說她幾乎搞不懂我提供的資訊，但她還是想聽聽我跟亞塞克賣力工作、擬訂計畫的情形。這些計畫讓她覺得興奮，她想要親眼看到我們達成目標，享受那種滋味，所以這就成了她努力康復的動機。到最後，我們的對話重複性變得很高。日復一日，我會給她同樣的資訊。可是，她沒有其他人可以聊天。我們的生活是她唯一可以分享的。

某天晚上，她的處境太讓人傷心，我不禁對著電話哭泣。她問我為什麼哭，我告訴她，我為她感到難過——她病得這麼重，這麼孤單，沒有朋友。

「人只需要一個真正的朋友，」她說，「妳就是我真正的朋友。」

我是咕咕雞的獨生女，也是她唯一真正的朋友。當然，這有時會成為負擔。可是大部分時刻，都是我人生的榮耀。

跋

POEMS症候群無法治癒。媽的體重雖然已經恢復了，但是症狀來來去去。她的雙腿現在已經能動了，但是腿部不靠支架就無法走路。為了因應她的不良於行，她跟爸調整了生活方式。凡是都要花更長的時間，他們也沒那麼常出門了。我們在她的公寓裡裝設很酷的衛星系統，讓她隨心所欲大看中文節目。咕咕雞最近學會怎麼傳簡訊，讓我們之間的溝通多了一個新次元，讓「報到」變得更為容易，也更加煩人。她常常在看到我上電視之後，用簡訊把感想傳給我——常常跟我的臉有關。她也會靠著簡訊強行闖入我的家。媽的專長是中藥湯，她時時透過簡訊拿藥湯的事來騷擾我。每種藥湯各有用途，有種藥湯「對肺不錯」，另一種藥湯「對皮膚滿好的」，每種身體部位各有適合的藥湯。送藥湯來的時程往往藉由簡訊來敲定，同時配上幾種信手拈來的意見。

咕咕雞打簡訊時一律用大寫字母。這裡列舉她傳來的幾則訊息：

9/19　1:09PM

妳在哪裡

9/19　1:12PM

我帶湯來

9/19　1:15PM

妳皮膚糟糕　需要藥湯

9/19　8:34PM

妳喝了湯沒

9/19　8:50PM

今晚把湯喝了　如果妳喝完

我明天弄人蔘湯　對肝很好

再跟我講

9/20 2:20PM

節目不錯　皮膚好　每個人

看起來又漂亮又瘦

9/24　2:06PM

妳講話的時候
別再做醜醜的鬼臉

9/25　2:11PM
不再做醜鬼臉
就好多了

10/8　9:22PM
亞賽克為什麼沒喝藥湯

10/8　9:28PM
亞賽克快喝藥湯

10/8　10:30PM

喝給亞賽克的湯　對脾臟很好

10/15　10:31AM

吃木瓜　妳才不會發胖

10/28　2:20PM

妳看起來好瘦　哈哈哈　妳要柳橙嗎

（我不懂這封簡訊的意思）

10/29　2:45PM

妳今天看起來不錯　講的也好

10/29　2:49PM

節目很好　乖女兒

謝詞

感謝Deirdre Molina，妳足足等候六年的時間，然後又花了八個月支持引導我。感謝我倆在畢奇咖啡館共度的那些夜晚，也謝謝妳喜歡我做的烤肉餅。

感謝睿智又卓越的Amy Einhorn，謝謝妳給的那些驚嘆號——因為來自於妳，所以我知道得之不易，因此我曉得一切終將一帆風順。我永遠都不會刪除那封電郵。妳的內心也有隻小小的咕咕雞。

感謝Amy Moore-Benson，因為如果沒有妳，這一切都不可能發生。在時隔日久之後，我倆再度聚首——這是我最鍾愛的故事之一。

感謝Gab——謝謝那些看似永無止盡的酷刑時段、妳的付出（公益服務），以及每頓晚飯，尤其是讓我爸在妳家那條街上尿尿。對於那點，我其實並沒有非常愧疚；我想，妳也不希望我覺得抱歉吧。

感謝 Fiona——事情源自於波特蘭的那個週末，所以我們再多策劃幾次旅行吧，一起吃更多早餐、一起做更多活動。感謝妳當我的知己。

感謝 Duana——妳能懂，是因為妳有過同樣的經歷；當時我痛恨一切，但妳卻從不擔心。所以什麼時候該輪到妳？

感謝 Nanci——謝謝妳帶我來這裡，每天幾乎都很愉快。妳替自己的族群奮戰、提供支援。能夠身為其中一員，真是榮幸。

感謝 Crespi——無論在巴黎、倫敦、紐約跟洛杉磯，還有發生在之間的一切都是。

感謝我們的「孩子」Emily——謝謝妳在那些漫長的日子裡，幫忙守護家園。感謝妳這麼忠誠、可靠又投入。

感謝 Dex——那天很棒，你在我家逗她笑。

感謝 Lucky——那天很棒，她讓你在我家替她上妝，而且得到她的肯定！

感謝 Jordan Schwartz——感謝給我第一次機會。我會永遠銘記在心。

感謝 Morley Nirenberg 跟 etalk 大家族——感謝每次的獨家體驗，還有奧斯卡獎、朱諾音樂獎跟多倫多國際電影節，可是最主要的，感謝你們讓我加入勝算在握的團隊。

感謝《The Social》談話秀的各位——謝謝你們的支持，感謝你們讓我在上班期間放聲高歌、讓我為了自己的糞便狀態破口大罵，還忍受我的牢騷不斷。現在請把麥克風遞過來。

感謝 Michelle Clausius 跟 Covenant House Vancouver——謝謝你們在一切開始以前就接受我，在起步的時候鼓勵我，送我啟程之後卻也永遠歡迎我回來。

感謝 CTV Communications、Random House of Canada 跟 Penguin 的各位——謝謝你們在必要的時候集結起來為我打氣並保護我。

感謝 Darren Roberts——傾聽我抱怨第一章、催我快點上工。

感謝 Oliver、Noah 跟 Veronica——因為你們是我唯一可以咕咕鬼叫的對象。你們準備好了嗎？

感謝 Ewa 跟 Stan——謝謝你們對這個華人女兒的愛。

感謝爸——謝謝你開車載我到處去、不管晚上幾點都來接我，謝謝你的不囉唆，但你也從來不需要多說。我永遠都懂。

感謝亞賽克，世上最有耐性、最慷慨、最善良，講起話來最迂迴冗長的人。謝謝你忍受我的鳥事。謝謝你在「巴黎」卡裡所寫的每個字，還有更多更多。

感謝 LaineyGossip.com 的讀者——如果沒有你們的到訪、你們寄來的電郵以及你們的反覆回訪，這個網站永遠無法成真。感謝你們、愛你們、虧欠你們。你們永遠的八卦女王雷妮　敬上。

All rights reserved including the right of reproduction in whole or in part in any form.
This edition published by arrangement with **Amy Einhorn Books, published by G.P. Putnam's Sons**, a member of Penguin Group (USA) LLC, A Penguin Random House Company, arranged through Andrew Nurnberg Associates International Ltd.

Root 12

生塊叉燒好過生妳

著／**雷若芬**

譯／謝靜雯

責任編輯／張瑜珊
社　　長／郭重興
發行人兼出版總監／曾大福
出　　版／無限出版
　電子信箱：service@bookrep.com.tw
發　　行／遠足文化事業股份有限公司
　地址：231新北市新店區民權路108-1號4樓
　電話：（02）2218-1417　傳真：（02）86671891
　電子信箱：service@bookrep.com.tw
　網址：www.bookrep.com.tw
　郵撥帳號：19504465遠足文化事業股份有限公司
　客服專線：0800-221-029
法律顧問　華洋國際專利商標事務所　蘇文生律師
印　　製　中原造像股份有限公司
初　　版　二〇一四年十二月
初版二刷　二〇一六年三月
定　　價／三二〇元
ISBN　978-986-91082-3-2
版權所有・翻印必究　缺頁或破損請寄回更換
歡迎團體訂購，另有優惠，
請洽業務部（02）22181417分機1120、1123

國家圖書館出版品預行編目資料

生塊叉燒好過生妳 / 雷若芬 [作]. -- 初版 . -- 新北市 :
無限出版 : 遠足文化發行 , 2014.12
面； 公分 . -- (Root ; 12)
譯自 : Listen to the Squawking Chicken : when mother knows best, what's a daughter to do?: A memoir (sort of)
ISBN 978-986-91082-3-2(平裝)

1. 雷若芬 (Lui, Eline) 2. 傳記

785.28 103022678

讀者回函